CLASSIQUES EN POCHE

Collection dirigée par Hélène Monsacré

Dans la même collection

1. Aristophane, *Lysistrata*
2. Aristote, *Constitution d'Athènes*
3. Cicéron, *L'Amitié*
4. Platon, *Alcibiade*
5. Suétone, *Vies des douze Césars, Claude ~ Néron*
6. Plotin, *Première Ennéade*
7. Eschyle, *Les Sept contre Thèbes*
8. Platon, *Critias*
9. Aristote, *La Poétique*
10. Horace, *Odes*
11. Pline l'Ancien, *Histoire Naturelle, XXXV, la peinture*
12. Virgile, *Bucoliques*
13. Platon, *Ménexène*
14. Tacite, *Vie d'Agricola ~ La Germanie*
15. Platon, *Protagoras*
16. Sophocle, *Antigone*
17. Sénèque, *La Vie heureuse ~ La Providence*
18. Cicéron, *Le Bien et le Mal, De finibus, III*
19. Platon, *Gorgias*
20. Hérodote, *L'Égypte, Histoires, II*
21. César, *Guerre des Gaules, I-II*
22. Ovide, *Les Amours*
23. Plotin, *Deuxième Ennéade*
24. Sophocle, *Œdipe Roi*
25. Tite-Live, *Histoire romaine, I, La Fondation de Rome*
26. Virgile, *Géorgiques*
27. Pseudo-Sénèque, *Octavie.*
28. Catulle, *Poésies*
29. Aristote, *Politique II*
30. Aristophane, *Les Guêpes*
31. Homère, *Iliade, chants I à VIII*
32. Euripide, *Les Bacchantes*
33. Plaute, *Pseudolus*
34. Tertullien, *Apologétique*
35. Homère, *Iliade, chants IX à XVI*
36. Platon, *Phèdre*
37. Homère, *Iliade, chants XVII à XXIV*
38. Salluste, *La Conjuration de Catilina*
39. Cicéron, *Pro Milone*
40. Platon, *Lysis*
41. Plotin, *Troisième Ennéade*
42. Diogène Laërce, *Vie de Platon*
43. Pline l'Ancien, *Histoire naturelle, XXXIII, Nature des métaux*
44. Pétrone, *Satiricon*
45. Apulée, *Apologie*
46. Lucien, *Alexandre ou le faux prophète*
47. Plutarque, *Les Vies parallèles. Alcibiade ~ Coriolan*
48. Démosthène, *Sur la Couronne*
49. Euripide, *Hécube*
50. Mamertin, *Panégyriques de Maximien (289 et 291)*
51. Platon, *Hippias mineur*
52. Xénophon, *Anabase, I-II*
53. Suétone, *Vies des douze Césars, Tibère ~ Caligula*
54. Salluste, *La Guerre de Jugurtha*
55. Eschyle, *Les Perses*
56. Sophocle, *Ajax*
57. Horace, *Satires*
58. Homère, *Odyssée, chants I à VII*
59. Homère, *Odyssée, chants VIII à XV*
60. Homère, *Odyssée, chants XVI à XXIV*
61. Juvénal, *Satires*
62. Cicéron, *De la vieillesse* (*Caton l'Ancien*)
63. Julien, *Misopogon*
64. Aristote, *Économique*
65. Pline l'Ancien, *Histoire naturelle, XXX, Magie et pharmacopée*
66. Platon, *Apologie de Socrate*
67. Eschyle, *Les Suppliantes*
68. Christopher Marlowe, *La Tragique Histoire du Docteur Faust*
69. *La Bhagavad-Gîtâ*
70. Ben Jonson, *Volpone ou le Renard*
71. William Shakespeare, *Richard II*
72. William Shakespeare, *Les Joyeuses Commères de Windsor*
73. Pierre Gassendi, *Vie et mœurs d'Épicure, vol. I*
74. Pierre Gassendi, *Vie et mœurs d'Épicure, vol. II*
75. John Marston, *La Tragédie de Sophonisbe.*

SUÉTONE

VIES DES DOUZE CÉSARS

TIBÈRE~CALIGULA

Texte établi et traduit par Henri Ailloud
Introduction et notes de Pierre-Emmanuel Dauzat

Troisième tirage

LES BELLES LETTRES
2012

76. John Webster, *La Duchesse d'Amalfi.*
77. Jean Second, *Les Baisers* - Michel Marulle, *Épigrammes*
78. Plutarque, *Sur les oracles de la Pythie*
79. Euripide, *Hélène*
80. Hérodote, *Marathon, Histoires, VI*
81. Sénèque, *Lettres à Lucilius, livres III et IV*
82. Apulée, *Les Métamorphoses ou L'Âne d'or*
83. Suétone, *Vies des douze Césars, César ~ Auguste*
84. Aristophane, *Ploutos*
85. Plutarque, *Érotikos. Dialogue sur l'amour*
86. Xénophon, *Économique*
87. Julien, *Lettres*
88. Hésiode, *Théogonie*
89. Lucien, *Portraits de philosophes*
90. Lucien, *Voyages extraordinaires*
91. Aristophane, *Nuées*
92. Théocrite, *Idylles*
93. Ovide, *Les Métamorphoses*
94. Mullâ Sadrâ Shîrâzî, *Le verset de la lumière. Commentaire.*
95. Thucydide, la *Guerre du Péloponnèse*, livres I, II.
96. Thucydide, la *Guerre du Péloponnèse*, livres III, IV, V.
97. Thucydide, la *Guerre du Péloponnèse*, livres VI, VII, VIII.
98. Cicéron, *Pour Sextus Roscius.*
99. Lucrèce, *De la Nature.*
100. Platon, le *Banquet.*
101. Lysias, *Contre Ératosthène.*
102. Lucien, *Comédies humaines.*
103. Plutarque, *Sur les délais de la justice divine.*
104. Sénèque, *Tragédies.*
105. Basile de Césarée, *Aux jeunes gens.*
106. Sophocle, *Philoctète.*
107. Aristophane, *Les Grenouilles.*

Ce texte et la traduction sont repris du volume correspondant dans la Collection des Universités de France (C.U.F.), toujours disponible avec apparat critique et scientifique. (Suétone, Vies des douze Césars, Tome II, *9e tirage, 2002)*

95 bd Raspail 75006 Paris.
www.lesbelleslettres.com

Première édition 2000

ISBN : 978-2-251-79953-7
ISSN : 1275-4544

Introduction

par Pierre-Emmanuel Dauzat

Le malheur de Suétone n'est pas tant d'être né que d'avoir été quasi contemporain de Tacite (vers 70-122 pour le premier, 55/57-116/120 pour le second), ce dont il a mis de longs siècles à essayer de se remettre – plutôt mal. Comble de malchance, les deux historiens eurent le même ami en la personne de l'incontournable Pline le Jeune, volontiers confident, protecteur, flagorneur, généreux de ses conseils et de ses deniers, et de surcroît « consensuel » comme dit l'affreux aujourd'hui. Restait donc à la postérité, fille un peu déshonnête, à départager ce que l'amitié de Pline avait réuni de manière passablement hasardeuse : l'intellectuel à gages, plutôt qu'engagé, et l'historien moraliste, tenté par le panégyrique. L'un chante, l'autre pas. Il suffit de songer au mot de Racine qui voyait en Tacite le « plus grand peintre de l'Antiquité » pour savoir en quel sens les détenteurs du savoir patenté ont tranché[1].

SUÉTONE OU L'HONNÊTE MÉDIOCRITÉ

L'inique et trop chrétien J.-K. Huysmans juge Suétone « lymphatique et larveux » quand il distingue

1. Ainsi ne s'étonnera-t-on guère que Gibbon le snobe avec tant d'application dans son histoire de la décadence des Romains.

naturellement Tacite comme « le plus nerveux dans sa concision apprêtée, le plus âpre, le plus musclé d'eux tous[2] », *i.e.* de tous les historiens romains. Du muscle comme critère de la vérité historique : on a vu des nietzschéens mieux inspirés[3]. Le mauvais succès a annexé Tacite, l'idole des grands commis de l'État, pour mieux exclure Suétone, réputé sans idée ni style. Volontiers, on retourne contre lui un mot de Caligula flétrissant la langue de Sénèque : *Harena sine calce*, trancha en 39 l'empereur turgide et blafard, « du sable sans chaux », c'est-à-dire à peu près rien. De fait, la postérité a rendu un mauvais service au talentueux polygraphe qu'était Suétone en en faisant l'auteur des seules *Vies des Douze Césars*, qui ont donné à la « petite histoire » son indécrottable pedigree.

Pourtant, même en le tirant de ce côté-là avec force mauvaise foi, il convainc peu. Les plus délurés font la fine bouche. Roger Vailland lui-même, libertin qu'on a connu moins complaisant, se contente d'une moue ennuyée quand il se fait l'écho de l'air calomnieux de la rumeur : « L'uniformité de ton, la monotonie, dans le récit de tant de meurtres, de supplices et d'entreprises délirantes exécutées à l'échelle de l'Empire, prend le caractère solennel et angoissant de la répétition chaque nuit du même cauchemar. Je m'enferme avec Suétone ; j'ai déjà connu cette torpeur, ces moiteurs, c'était quand je lisais *Juliette ou les prospérités du vice.* » Il est devenu impossible de lire Suétone sans être fâché par ce fatras de préjugés qui le dépouillent de toute armature intellectuelle et historique. Pire encore, l'auteur des *Vies* est si mal connu que, par un phénomène d'identification projective si l'on ose dire, on lui prête sans compter les

2. J.-K. Huysmans, *À rebours*, Paris, Garnier-Flammarion, 1978, p. 86.

3. Nietzsche, « De l'utilité et des inconvénients de l'histoire pour la vie », in *Considérations inactuelles, II*, Paris, Gallimard, 1990, p. 126.

traits les moins ragoûtants de ces princes qui « ont accepté de vivre et de penser comme des porcs » en des temps où « l'on mettait les morts à table », où il n'y avait « pas d'autre moyen que de faire l'animal [...] pour échapper à l'ignoble[4] ».

En un mot, l'œuvre de Suétone se confondrait avec ses *Vies des Douze Césars* et relèverait du second rayon, de la littérature de boudoir. De la pornographie de bas étage pour le seul plaisir de racoler par des détails salaces dignes des tabloïds les moins engageants. Comme si Suétone, rapportant que Tibère donnait sa nature à biberonner à des petits enfants, ne valait pas mieux que le premier journaleux venu s'attardant sur les plaisirs coupables d'un Bill Clinton avec « sa » Monica. Comme si sous des dehors « anecdotiques » ne se cachait pas souvent une « démonstration implicite[5] ». L'apparentement forcé avec le « divin marquis » est alors un excellent prétexte pour oublier que l'important, aux yeux de Suétone, est de « dissimuler la profondeur à la surface », suivant l'heureuse injonction de Hofmannsthal. Dès lors, l'essentiel n'est pas tant le fait scrupuleusement rapporté, « croustillant » ou non, que son inscription dans l'« intrigue » générale du portrait.

Il faut être obsédé par les principes turgescents de la libido pour ne pas voir, au contraire, combien la prose de Suétone obéit à d'autres rigueurs que celles de la répétition et de la monotonie des petits foutriquets de la littérature, fût-elle historienne. Sur ce terrain, les règles de l'art narratif obéissent à des lois sans rapport aucun avec celles de la moiteur et des émois de l'auteur de

4. *Cf.* G. Châtelet, *Vivre et penser comme des porcs. De l'incitation à l'envie et à l'ennui dans les démocraties de marché*, Paris, Gallimard, 1999, interprétant librement Deleuze et Guattari.

5. Ce jugement est de J. Gascou, *Suétone historien*, École française de Rome, Paris, De Boccard, 1984, p. 799. Mais voir aussi J. Ektor, « L'impassibilité et l'objectivité de Suétone », *Les Études classiques*, 48, 1980, p. 317-326.

La Truite. Pour s'en persuader, mieux vaut consulter Montesquieu qui, plus qu'aucun autre, a su deviner derrière la prose presque transparente de Suétone une vraie pensée, pour ne pas dire un plaisir de penser et d'écrire :

> Suétone nous décrit les crimes de Néron avec un sang-froid qui nous surprend, en nous faisant presque croire qu'il ne sent point l'horreur de ce qu'il décrit ; il change de ton tout à coup et dit : L'univers ayant souffert ce monstre pendant quatorze ans, enfin il l'abandonna : *Tale monstrum quatuordecim annos perpessus, terrarum orbis tandem destituit*. Ceci produit dans l'esprit différentes sortes de surprises ; nous sommes surpris du changement de style de l'auteur, de la découverte de sa différente manière de penser, de sa façon de rendre en aussi peu de mots une des grandes révolutions qui soit arrivée : ainsi l'âme trouve un très grand nombre de sentiments différents, qui concourent à l'ébranler et à lui composer un plaisir[6].

Sans doute est-ce cette adéquation presque mimétique de l'écriture et de la pensée qui a paru trop subtile, et qui a fait croire à l'absence de style quand il n'y avait que litote et pudeur, à l'impudicité quand il n'y avait que souci clinique de la vérité en un temps déraisonnable où il était de bon ton de dire tout et n'importe quoi[7], à l'inconséquence, enfin, quand il n'y avait que souci de rendre compte du réel dans toute sa complexité. Thucydide et Tacite nous ont tellement habitués à

6. Montesquieu, *Essai sur le goût*, Paris, Rivages, 1993, p. 29. La citation se trouve dans le chapitre intitulé « Les plaisirs de la surprise ». *Cf.* également Montesquieu, *Pensées et spicilège*, Paris, R. Laffont, « Bouquins », 1991, p. 336, n° 698. Montesquieu a visiblement un faible pour la biographie de Néron, mais le style qu'il admire ici est celui de toutes les *Vitae*.

7. Comme cela s'est fait pour Hitler dès les débuts de son ascension ; voir I. Kershaw, *Hitler. 1889-1936 : Hubris*, trad. P.-E. Dauzat, Paris, Flammarion, 1999, p. 506 *sq*.

prendre la fiction pour la réalité par leur souci de « faire vrai », de donner une version plus vraisemblable que les faits bruts, quitte à forcer la lettre des sources qu'ils avaient sous la main, que nous avons désappris la modeste médiocrité d'un Suétone qui préfère, comme Shakes-peare, retirer un peu de cohérence factice à l'histoire pour lui donner plus d'authenticité. La grandeur de ses *Vies des Douze Césars* est précisément dans sa résignation au paradoxe, à la contradiction, voire à l'incohérence, au refus méthodique de leur auteur de trouver dans la vie des princes une unité qu'il peina à trouver dans sa propre vie, sinon en négatif par ses dérobades et ses réticences, voire ses refus.

PORTRAIT DE SUÉTONE EN PÈRE TRANQUILLE

Rares sont les éléments de la vie de Suétone dûment avérés. L'essentiel de sa vie, comme sa mort, nous demeure largement inconnu. Ses propres confidences se comptent sur les doigts de la main[8] et, hormis une inscription mutilée d'Hippone, les témoignages contemporains sont infimes. Aussi en est-on réduit à s'accrocher envers et contre tout aux maigres traces qui nous sont parvenues, à commencer par une source historique un tantinet controuvée.

À sa mort, Pline confia Caius Suetonius Tranquillus, son protégé et ami, au dédicataire de ses *Lettres*, un dénommé Septicius Clarus, qu'Hadrien éleva à la préfecture du prétoire en 119. Suétone devint alors le grand patron de la correspondance impériale[9] *(ab epis-*

8. Dans *Caligula*, 19, par exemple, il s'autorise à invoquer des confidences de grand-papa à la table familiale... On est prié de ne pas rire. On comprendra plus loin pourquoi.

9. L'inscription découverte à Hippone en 1951 nous apprend qu'il avait été auparavant *a studiis* (on dirait aujourd'hui un « nègre ») et *a bibliothecis* (en gros conservateur), procuratèles valant quelque

tulis Latinis), avant que la disgrâce de son protecteur, en 122, ne signifiât son éclipse. L'*Histoire Auguste*, compilation des dernières années du IVe siècle censée faire suite à la *Vie des Douze Césars* de Suétone, colporte à ce propos une troublante anecdote, l'une des rares que l'on possède sur la carrière de Suétone : Hadrien, assurent les courageux auteurs anonymes, « destitua le préfet du prétoire Septicius Clarus, le maître du bureau de la correspondance Suetonius Tranquillus ainsi que beaucoup d'autres parce qu'ils avaient eu vis-à-vis de son épouse Sabine et à son corps défendant une attitude plus familière que ne le tolérait l'étiquette de la maison impériale[10]». Hadrien crut-il son acariâtre épouse qu'il aurait de bon cœur répudiée, avouait-il par ailleurs, s'il avait été « homme privé », nul ne le sait. Toujours est-il qu'il se montra intraitable et que Suétone n'avait naturellement d'autre choix que de se soumettre pour retrouver un silence qu'il ne devait plus quitter, mais dont il avait très tôt pris l'habitude.

Pour le reste, les maigres renseignements dont on dispose sur sa vie nous viennent essentiellement de la correspondance de Pline le Jeune, par laquelle on devine que tout dans sa vie a mal commencé et mal fini[11]. La première apparition de l'historien (lettre 18 à « son cher Suétone ») nous révèle un stoïcien, peut-être, qu'un rien effarouche : Suétone a fait un songe qui le dissuade de

200 000 sesterces à leur titulaire. Sur cet aspect de la carrière de Suétone, voir l'introduction de M.-Cl. Vacher à Suétone, *Grammairiens et rhéteurs*, Paris, CUF, Les Belles Lettres, 1993, p. XVII, et les références citées dans la note 5 de la page VII.

10. *Histoire Auguste*, trad. A. Chastagnol, Paris, R. Laffont, « Bouquins », 1984, p. 32-33 et note 3.

11. Suétone lui-même a conservé un étonnant silence sur ses origines et la première partie de sa vie : on glane péniblement cinq petites allusions aux siens ou à lui-même dans son œuvre conservée : *Cal.*, 19, 4 ; *Nero*, 57,4 ; *Otho*, 10 ; *Dom.*, 12, 6 ; *De gramm. et reth.*, IV, 9.

plaider dans un procès, alors que Pline veut y voir la promesse d'un « brillant succès » et l'encourage à aller de l'avant tout en subodorant qu'il écoutera avec plus de gourmandise la « prescription des sages : dans le doute, abstiens-toi » (*cf.* Cicéron, *De officiis*, I, 9, 30). Et naturellement, il semble avoir choisi cette voie. S'effrayant d'un rien, il se dérobe déjà devant l'obstacle. Courage, fuyons ! (Mais Dieu que l'ironie est facile !) Suétone avait à cette époque 27-28 ans et paraît avoir alors renoncé tout uniment à embrasser une carrière d'avocat mal engagée. Trois ans plus tard, Suétone met de nouveau à l'épreuve l'amitié de son protecteur : pour prétendre à la carrière équestre à laquelle sa naissance l'appelait, il devait faire ses *militiae*, c'est-à-dire trois années de service militaire. L'ami Pline lui décroche un tribunat militaire dans l'armée du légat L. Neratius chargée de mettre au pas les irréductibles Grands-Bretons. Une fois de plus, déduit-on de la lettre III, 8, composée vers 101, Suétone s'alarme et demande à Pline une nouvelle intervention, en bon français un passe-droit, afin que le grade auquel il aspirait naguère soit transféré à son parent, Caesennius Silvanus. Sans doute touché par la *reverentia* de son solliciteur, Pline l'obligea, comme on oblige un client. Pour finir, il semble que, ce gage de bonne volonté donné, Suétone ait été dispensé de ses obligations militaires tout en restant qualifié pour les procurations (les fonctions civiles correspondant à son ordre). Ainsi aurait-il le loisir de s'adonner à sa passion de polygraphe. Mais, là encore, les choses ne devaient pas être aussi simples.

Une autre lettre de Pline (V, 10), des années 105-106, révèle en effet chez Suétone un grand timide qui, à trop vouloir perfectionner sa forge et fignoler sa prose, risque de gâter l'effet final et d'indisposer ses commanditaires : « Dégagez enfin la parole de mes hendécasyllabes qui se sont portés caution de votre ouvrage vis-à-vis de nos communs amis. [...] Moi aussi je suis un timide chaque fois qu'il s'agit de publier, mais vous avez encore dépassé par les vôtres mes indécisions et mes lenteurs. [...] Votre œuvre est achevée et parfaite et vos coups de lime lui donnent moins de brillant qu'ils ne lui enlèvent de relief. » Suétone approche de la quarantaine et n'a encore rien publié au risque de se discréditer. Et Pline de conclure en l'implorant sur un ton fraternel : « Permettez-moi de voir un titre portant votre nom, permettez-moi d'apprendre qu'on copie, qu'on lit, qu'on vend les livres de mon cher Tranquillus. Il est juste qu'en raison de l'amitié si tendre *(amor mutuus)* que nous nous portons vous me donniez la joie que je vous ai procurée. » Suétone a terminé un ouvrage – des « petits traités », écrit Pline – qu'il ne se résout point à mettre en circulation. Sans doute s'agit-il du *De viris illustribus*, aujourd'hui disparu, mais rien n'est sûr.

Une dernière lettre de Pline (*Ad Trai.*, 94) date de 111, soit de l'époque où, légat de Bithynie, il s'adresse à Trajan pour réclamer une faveur au nom de son ami. Décrivant Suétone comme un *vir probissimus, honestissimus, eruditissimus*, dont il « suit les travaux depuis longtemps » lors même qu'il n'a toujours rien publié, il prend la peine de préciser que son ami a été marié, mais qu'il a été malheureux en ménage[12] *(parum felix matrimonium)*. Pour une fois bon prince, et parce qu'il n'avait rien à refuser à Pline, Trajan obtempéra et accorda au graphomane demeuré stérile un privilège qu'il n'octroyait qu'avec parcimonie : ainsi Suétone fut admis à bénéficier du « droit des pères de trois enfants » *(ius trium liberorum)*, assorti de diverses exemptions et de quelques privilèges. Suétone avait alors plus de quarante ans, et l'heureux homme était parvenu à échapper à tout : la basoche, la soldatesque, la publication, le mariage et les enfants tout en cumulant les privilèges attachés à chacun des devoirs qu'une Rome plus sévère eût exigé qu'il accomplît. Dans la correspondance tout

12. D'aucuns ont voulu comprendre qu'il n'avait pas eu d'enfants.

au moins, les relations entre Pline le Jeune et Suétone s'achèvent sur cette dernière entorse à la lettre de la loi.

SUÉTONE OU LA « SCOLARISATION » DU MONDE

Tout au long de ce semblant de carrière et malgré sa répugnance à publier ses livres, Suétone aura été cependant un auteur aussi prolifique que le grand Varron, bien que deux ouvrages seulement aient été conservés : les *Vies des Douze Césars* et un *De grammaticis et rhetoribus*, qui témoignent bien de tout l'intérêt que l'historien portait aux notions d'intrigue et de construction narrative. Encore cet ouvrage n'est-il qu'une partie d'un ouvrage plus important, le *De viris illustribus* dont saint Jérôme avoue s'être inspiré pour épicer sa traduction de la chronique d'Eusèbe et composer son propre livre sur les écrivains ecclésiastiques[13]. (Comme quoi le vieux grognon de traducteur chrétien était moins bégueule que bien des commentateurs modernes qui, dans leurs feintes fureurs, n'ont que béguètements à opposer aux pensées qui les dérangent.) Outre la partie consacrée aux « sophistes », comme on appelait les grammairiens et les rhétoriciens au temps de Tibère, l'ouvrage comportait apparemment un *De poetis*, avec des vies de Térence, de Lucain, d'Horace et de Pline l'Ancien.

Encyclopédiste né, aux curiosités « universelles », Suétone se trouvait à la charnière entre deux époques, pour reprendre le découpage chronologique de Pierre Grimal : l'ère de la création, « sur le point de se clore », et « le temps des écoles, celui des professeurs » soucieux de « valoriser la culture » pour mieux accompagner la romanisation du monde[14]. Ainsi Suétone fut-il amené,

13. *Cf.* P. Antin, *Essai sur saint Jérôme*, Paris, Letouzey & Ané, 1951, p. 74, et surtout F. Cavallera, *Saint Jérôme. Sa vie et son œuvre*, Ire Partie, tome 1, Paris, Champion, 1922, p. 150.

14. P. Grimal, *La Littérature latine*, Paris, Fayard, 1994, p. 477 et 482.

tout au long de sa vie, à consacrer une multitude de traités (dont deux au moins en grec) à divers sujets. Par l'encyclopédie de la Souda (dite liste de Suidas) et diverses sources (Priscien, Ausone, Servius, etc.) on lui attribue des ouvrages aux thèmes variés : la Grèce, par exemple, dont les jeux et les injures l'intéressèrent (l'ouvrage commence par les injures trouvées chez Homère) ; l'année romaine, les us et coutumes des Romains (deux livres sur les jeux dont la matière trouve un écho dans le *De spectaculis* de Tertullien), le tout formant peut-être une « somme » réunie sous le titre de *Roma ;* les signes de ponctuation, les signes diacritiques et les abréviations ; la grammaire (notamment dans un énigmatique *De rebus variis*) ; les courtisanes célèbres, et peut-être même une encyclopédie d'histoire naturelle, les *Prata*, inspirée de Pline l'Ancien, et qui semble avoir été aussi influente que mal conservée[15].

Démentant une fois de plus le peu d'intérêt qu'aurait prêté Suétone aux choses politiques, il faut aussi porter à son crédit un ouvrage dont il ne reste pas le moindre fragment, mais qui témoigne assurément des engagements de l'historien timoré : *Sur le De re publica de Cicéron*, qui entendait défendre l'œuvre de ce dernier contre les attaques du grammairien Didyme d'Alexandrie, contemporain de Cicéron et d'Antoine, qui vivait encore au temps d'Auguste[16]. On sait par ailleurs que Suétone accompagna de sa réflexion, dans un *De institutione officiorum*, le grand mouvement de réforme et de réorganisation des offices de l'État engagé du temps d'Hadrien. Suétone est enfin l'auteur d'un *De regibus*,

15. *Cf.* A. Macé, *Essai sur Suétone*, Paris, 1900, p. 327 *sq.*

16. Suétone vouait une profonde admiration à Cicéron et emprunta à l'occasion à son *De officiis ;* voir J. Gascou, *op. cit.*, p. 13, et G. D'Anna, *Le idee letterarie di Suetonio*, Florence, 1954, p. 105-136. Le même auteur insiste sur les « distorsions stylistiques fonctionnelles », c'est-à-dire, comme dit E. Cizek, entraînées « par les variations du message suétonien d'idées ».

genre d'énumération en trois livres des rois d'Europe, d'Asie et d'Afrique.

QU'EST-CE QU'UN PRINCE ?

C'est sans conteste dans le cadre de cet « inventaire du monde », que Suétone s'est appliqué sa vie durant à dresser en naturaliste, qu'il faut resituer les *Vies des Douze Césars*. Si « des fleurs éparses dans un pré » *(Prata)* aux rois des trois continents, rien n'échappait à l'impatiente curiosité de Suétone, il était naturel que cet encyclopédisme n'exclût ni les célébrités ni les empereurs. Mais précisément parce que l'Empire était à ses yeux une réalité d'ordre cosmique, « transcendante aux empereurs[17] », que les dieux veillaient sur lui, les *Césars* n'étaient pas de simples mortels, leur humanité était d'un autre ordre et tout entière auréolée de prodiges. Pour être hommes, les *Caesares* n'en étaient pas moins princes, et ce seul fait justifiait un traitement à part : celui d'un naturaliste pour leur visage humain, celui d'un historien pour leur visage princier. Mais, étant donné la dimension cosmique de la vie impériale, l'histoire ne pouvait être la simple chronique annalistique dont on se contentait aisément pour d'autres contrées. L'histoire des empereurs avait par nature une dimension surnaturelle. Cette métaphysique du pouvoir est *ipso facto* indissolublement liée à une ambition politique, en l'occurrence celle esquissée par l'ami Pline dans son *Panégyrique de Trajan* : la perspective d'un empire rénové, fondé sur l'instauration de contre-pouvoirs, pratiquant la tolérance et attentif aux besoins de la population tout en menant à l'extérieur une politique étrangère pacifique se bornant à défendre les frontières[18].

17. Voir J. Gascou, *op. cit.*, p. 777 *sq.*

18. On ne peut que renvoyer à la biographie de Titus qui, suivant le mot de Machiavel (*Discours*, I, 10), vécut *sotto le leggi* [sous les

Dans ce même ordre d'idées on a vu dans les biographies de Suétone une contribution à la réflexion nourrie de ceux qui souhaitaient conserver l'institution monarchique en évitant les dérives des Julio-Claudiens et des Flaviens. De fait, Domitien marqua la fin d'une époque : la coupure de Suétone n'est pas si arbitraire qu'on l'a dit, surtout quand on songe que lui-même s'est donné la peine de l'expliquer au terme de cet *opus magnum*. Après avoir dit que Domitien était d'une « lubricité excessive » et pratiquait l'amour comme une sorte de « gymnastique du lit » (*Dom.*, 22), il ajoute que son « meurtre fut accueilli avec indifférence », puis donne une clé d'interprétation de l'œuvre (*ibid.*, 23) :

> Quelques mois avant son assassinat, une corneille fit entendre au Capitole les mots suivants : « Tout ira bien », et il ne manqua pas de se trouver quelqu'un pour interpréter de la sorte ce présage :
>
> *La corneille qui dernièrement s'est perchée sur la cime de la roche Tarpéienne,*
>
> *Ne pouvant dire : « C'est bien », a dit : « Ce sera bien. »*
>
> En outre, à ce qu'on rapporte, Domitien lui-même rêva qu'une loupe d'or lui venait sur la nuque et fut persuadé que cela présageait pour l'État une période plus heureuse et plus prospère après sa mort, ce qui fut bientôt réalisé, à coup sûr, grâce au désintéressement et à la modération des empereurs qui lui succédèrent.

Outre qu'il ne craint pas de justifier l'assassinat de Domitien comme un décret de la Providence, Suétone a *in extremis* écrit l'un des mots clés de ce que son meilleur exégète contemporain n'a pas hésité à nommer sa « philosophie politique » – la *moderatio* – qui explique sans doute la haute estime dans laquelle le

lois]. *Cf.* Machiavel, *Le Prince*, éd. J.-L. Fournel et J.-Cl. Zancarini, Paris, PUF, 2000, p. 524.

tenait Montesquieu[19] et qui doit maintenant nous guider dans la lecture des *Vies*. Reste alors à savoir pourquoi, afin de développer sa réflexion sur le « métier de prince », Suétone a choisi la voie de la biographie plutôt que celle réputée plus noble de l'annalistique.

Lui-même s'en est expliqué dans la *Vie d'Auguste* où, après avoir « situé » la vie du César dans son époque, il précise comment il va procéder (*Aug.*, 9) :

> Ayant présenté en quelque sorte le sommaire de sa vie, je vais en examiner une à une les différentes parties, non point en suivant l'ordre chronologique mais [en groupant les faits] par catégories *(per species)*, de façon à rendre plus nets leur exposé et leur étude.

Centrale dans la construction des *Vies*, la notion de catégories ou de « rubriques » a souvent été mal interprétée : on a voulu y voir de simples vignettes impressionnistes, dictées par les caprices de l'humeur et les hasards des sources, des maladresses de composition, quand Suétone voulait au contraire attirer notre attention sur le fait qu'il n'y avait d'histoire que construite, pour ainsi dire conceptuelle. Sa démarche est donc avant tout d'abstraction et de synthèse, comme celle de l'artiste. Fuyant l'anecdote et rejetant par principe ce qui serait « purement narratif » et relèverait du hasard et des circonstances, il se soucie moins, nonobstant les apparences, de « ce qui est arrivé au personnage en question

19. Voir J. Gascou, *op. cit.*, p. 800. La notion d'équilibre des pouvoirs chère à Montesquieu trouve ainsi, *via* Suétone, des antécédents directs dans le souci de créer un nouvel équilibre entre le prince, le sénat et l'armée propre à l'époque de Trajan et de son successeur. Si l'on suit Roger Caillois, *Rencontres*, PUF, 1978, p. 96 *sq.*, ce souci d'équilibre et l'intérêt porté aux « liaisons nécessaires qui dérivent de la nature des choses » est un lien de plus entre Suétone et l'auteur de l'*Esprit des lois*. Il justifierait presque que l'on parle d'« écologie du pouvoir ».

que ce qu'il a été aux divers moments de son existence[20] », dans le dessein, toujours, d'en dégager une sorte de portrait du prince idéal, ou du moins d'un prince en accord avec l'ordre du monde et les voies de la Providence.

« Son sujet ? », comme dirait Sartre. L'homme, ou plutôt le prince, un prince pareil à tous les princes... et qui les vaut tous... Voire. Si chaque biographie de Suétone est un peu une déclinaison des qualités morales et politiques des princes qui se sont succédé, on est loin de cette fausse naïveté qu'on lui a obligeamment prêtée. Derrière chaque « vie » se cache ainsi un tableau de l'état de l'empire, un point de vue sur l'état du monde en même temps qu'un discours critique pour servir à l'édification de ses contemporains, à commencer par le prince régnant, puisque *Les Vies des Douze Césars*, de l'aveu commun, aurait paru sous le règne d'Hadrien, en 120-121, peu de temps avant la disgrâce de l'historien[21]. Qu'on ne trouve chez Suétone aucun des clichés philosophiques de son temps ni aucun témoignage de sympathie pour les philosophes (c'est vite dit) ne signifie donc en aucune façon que toute préoccupation philosophique est absente de son propos. Car sa méthode est en elle-même une philosophie du prince et une théorie de la connaissance, de la « situation » de l'homme dans son temps, dont Sartre a donné une justification philosophique qui, *rebus sic stantibus*, paraît recevable en ce qui concerne Suétone.

> Que peut-on savoir d'un homme, aujourd'hui ? Il m'a paru que l'on ne pouvait répondre à cette question que par l'étude d'un cas concret [...]. Cela revient à *totaliser* les

20. P. Grimal, *op. cit.*, p. 481.

21. Sur les conseils donnés par Suétone à Hadrien à travers la construction des biographies, voir E. Cizek, *Structures et idéologie dans « Les Vies des Douze Césars » de Suétone*, Paris, Les Belles Lettres, 1977, p. 181 *sq.*

> informations dont nous disposons sur lui. Rien ne prouve, au départ, que cette totalisation soit *possible* et que la vérité d'une personne ne soit pas plurale ; les renseignements sont fort différents de *nature* [...]. Ne risquons-nous pas d'aboutir à des couches de signification hétérogènes et irréductibles ? Ce livre tente de prouver que l'irréductibilité n'est qu'apparente et que chaque information mise en sa place devient la portion d'un tout qui ne cesse de se faire et, du même coup, révèle son homogénéité profonde avec toutes les autres[22].

Comment mieux résumer la méthode de Suétone qui, collationnant des sources souvent hétérogènes, décline chacune de ses vies en « catégories » : vie publique, vie privée, présages ou rêves, apothéose, mort, le cas échéant testament, au point que chaque vie devient un « monument » ? Tous les spécialistes contemporains qui ont œuvré à la réhabilitation du Suétone historien n'ont pas manqué de comparer ses tableaux aux bas-reliefs des sépulcres. Chaque « scène » prend ainsi un caractère définitif en même temps qu'elle devient inéluctablement un jugement global, une leçon à l'adresse des futurs princes. Il y a du « spectateur engagé » dans cet encyclopédiste qui, tout en se refusant à jouer les conseillers du prince comme un Sénèque ou un Pline le Jeune, ne songe pas moins à éclairer de sa réflexion le cours du monde. Mais on aurait tort de s'arrêter là, car ce choix d'écriture paraît dissimuler, chez « le moins philosophe des écrivains latins », une véritable philosophie, sinon de l'Histoire, du moins de l'homme romain tel que le prince, fût-il le « plus sombre des hommes » (*dixit* Pline l'Ancien, *N.H.*, 28, 5), en est l'incarnation. Là encore, un détour par le *Flaubert* de Sartre est, toutes choses égales par ailleurs, de nature à éclairer notre lumignon sur la démarche de Suétone en même temps que sur le

22. J.-P. Sartre, *L'Idiot de la famille*, Paris, Gallimard, 1988, vol. I, préface.

statut philosophique de son œuvre. « C'est qu'un homme, précise l'auteur de *L'Idiot de la famille*, n'est jamais un individu ; il vaudrait mieux l'appeler un *universel singulier* ; totalisé et, par là même, universalisé par son époque [...]. Universel par l'universalité singulière de l'histoire humaine, singulier par la singularité universalisante de ses projets, il réclame d'être étudié simultanément par les deux bouts[23]. » Dans les deux bouts en question, il y a aussi le petit bout de la lorgnette. Et saurait-on trouver meilleure définition d'un « prince » romain du Ier siècle que cet « universel singulier » ?

Dans l'historiographie ancienne, le procédé de composition par « rubriques » avait un nom, la *laudatio*, qui explique l'importance attachée par Suétone au comportement des Césars dans tous leurs aspects et, si l'on ose dire, dans toutes leurs positions – de la tribune au lit, du berceau du pouvoir au tombeau des libertés[24]. Sans doute Suétone mit-il à profit sa position de bibliothécaire et de secrétaire impérial pour « fureter » dans les archives impériales et nourrir ses *Vies* d'anecdotes et de petits faits vrais, mais, pour autant, l'œuvre n'a de la petite histoire que les apparences. Loin du voyeurisme et du racolage, il s'agissait plutôt pour lui de composer des *laudationes*, comme aux funérailles, c'est-à-dire de témoigner tout en offrant des leçons aux princes futurs[25]. Ni portrait à charge malgré les apparences (le portrait de Tibère, par exemple, est plus contrasté qu'on ne veut bien le dire) ni éloge funèbre propre à justifier ce qu'il est advenu de l'Empire, la *laudatio* des origines, si l'on en croit Cicéron, avait toujours été tentée de mélanger histoire et fiction, d'ajouter demi-vérités et vérités et demies pour tresser des panégyriques. Plus austère,

23. *Ibid.*

24. Voir P. Grimal, *Les Erreurs de la liberté*, Paris, Les Belles Lettres, 1990, p. 184.

25. Voir P. Grimal, *La Littérature latine*, p. 83.

Suétone en a conservé la méthode par *species*, mais aussi une certaine solennité *(gravitas)* qui s'efforce de dégager le sens des anecdotes et dénonce les tares et les dévoiements du système impérial. Ainsi se justifie le mariage constant du « chronologique » et de l'« eidologique », pour reprendre la terminologie d'E. Cizek[26]. Loin de prêter au prince des qualités imaginaires parce qu'il est prince, il a une assez bonne vue pour voir que l'on peut être bon prince malgré ses maladies de peau et qu'il ne saurait y avoir de coïncidence entre l'apparence physique et l'intelligence ou l'humanité du pouvoir[27] : une simple comparaison entre le portrait d'Auguste et celui de Tibère est éclairante. Dans les deux cas, en bon naturaliste qu'il est et digne émule de Pline l'Ancien, il traque d'un œil expert les dartres, les pustules et autres chancres, quitte à infliger un démenti cinglant à la statuaire si idéalisante de l'âge d'Auguste, qu'il semble par ailleurs admirer. Si Suétone a jamais eu l'âme du valet de chambre se refusant à voir la grandeur des « grands hommes », elle se manifeste uniquement sur ce terrain. Car il n'y a pas moins laquais que cet historien-là. Quand il retrouve les mêmes tares chez Tibère, il se garde bien, et pour cause, d'y voir une preuve de la noirceur de l'âme du tyran. Il s'applique simplement à montrer en quoi elles ont infléchi le comportement du prince et l'ont amené à se couper toujours plus des réalités et du bon sens (par exemple, à propos du refus des embrassades évoqué pas moins de trois fois dans la biographie de Tibère). Ainsi, rappelle Cizek, « l'exégèse moderne a précisé nettement que Suétone usait du portrait physique afin de caractériser ses personnages dans leur totalité » : Tibère ne manque pas de vigueur, même si cette vigueur relève d'une certaine banalité et

26. Voir E. Cizek, *op. cit.*, p. 56, et plus précisément, en ce qui concerne Tibère et Caligula, p. 60, 124-126.

27. Il n'aurait pas souscrit au mot malheureux de Sartre qui voyait dans la laideur un « critère d'authenticité ».

dissimule mal son hypocrisie : tel le chat, ce « tyran lubrique » est nyctalope et fourbe. Sa laideur physique devient un écho de son âme, comme le portrait de Dorian Gray. À l'opposé, Caligula est Dorian Gray lui-même : un jeune homme fort beau au caractère de chèvre, c'est-à-dire pervers et inhumain[28]. Le style est à l'avenant : dans la biographie de Caligula, toujours, Suétone use d'un style sec et dépouillé pour évoquer les bons côtés, mais sa prose s'anime et se fait plus colorée pour évoquer le « mauvais[29] ». C'est donc seulement derrière la critique des prédécesseurs de Nerva, Trajan et Hadrien qu'on peut lire, *en creux*, un éloge du prince en place, si éloge il y a, vu que Suétone n'a jamais eu l'âme d'un courtisan.

COMMENT ON N'ÉCRIT PAS L'HISTOIRE...

Reste à dire un mot de la méthode de travail de Suétone et de ce qu'on risque d'apprendre en lisant les *Vies des Douze Césars*. Grand amateur de faits vrais, Suétone a par exemple retrouvé dans les archives du Palatin des tablettes et des carnets *(pulligares libellique)* sur lesquels se lisaient des vers très connus de Néron, écrits de sa main, couverts de ratures et de surcharges. À l'instar des épigraphistes modernes, il s'efforce d'en tirer des conclusions formelles : « Il est facile de voir, conclut-il, qu'ils n'avaient pas été copiés ni écrits sous la dictée de quelqu'un, mais incontestablement tracés par un homme qui médite et compose [...] » (*Nero*, 52). L'horreur que lui inspire par ailleurs Néron ne le prive donc pas de lui reconnaître d'authentiques préoccupations de « créateur ».

28. Sur la physiognomonie chez Suétone et la valeur de ses nosographies, on ne peut que renvoyer à Régis F. Martin, *Les Douze Césars. Du Mythe à la réalité*, Paris, Les Belles Lettres, 1991.

29. E. Cizek, *op. cit.*, p. 138.

Dans la restitution des sources, par ailleurs, Suétone fait toujours montre d'un grand scrupule : contrairement à un Tacite, par exemple, il cite juste, qu'il s'agisse des correspondances privées ou des sources littéraires. Un seul exemple parmi une multitude suffirait, si besoin était, à départager le plus « honnête » en ce domaine. Dans sa biographie de l'empereur, Suétone (67, 2) donne un extrait d'une lettre de Tibère au sénat que l'on retrouve dans les *Annales* de Tacite (VI, 6, 1)[30]. Ce dernier enjolive par souci stylistique quand Suétone n'a d'autre désir que d'être exact : ... *dii me deaeque peius perdant quam cotidie perire sentio, si scio*, indique Suétone, tandis que Tacite retranscrit fidèlement le début de la phrase puis ajoute un *me* « plus littéraire » et intervertit ensuite deux mots pour éviter la fâcheuse répétition des palatales sourdes. Et l'on obtient alors : ... *di me deaeque peius perdant quam perire me cotidie sentio, si scio* (« que les dieux et les déesses me fassent périr plus cruellement que je me sens périr chaque jour si je le sais »). Tacite, qui a le goût du beau langage, rectifie quand Suétone donne *in extenso*. Et le plus piquant, c'est que, en bon Tartuffe, Tacite se permet cette modeste forfanterie juste après avoir rappelé que « Tibère demandait que des paroles déformées par malveillance ou des propos de table sans arrière-pensée ne fussent pas considérés comme des griefs contre lui ». Dans le dessein contraire, *ad majorem gloriam principis,* libre à chacun de céder à la flagornerie, de prêter au prince une langue plus châtiée qu'elle ne l'était, si puriste qu'il fût[31]. Ce que Tacite fit. On pourrait multiplier les comparaisons de ce genre, comme l'a fait J. Gascou, passer des archives impériales aux sources littéraires : à chaque fois la confrontation tourne à l'avantage de Suétone, plus soucieux de précision et d'exactitude. Autant pour l'his-

30. Sur cette comparaison, voir J. Gascou, *op. cit.*, p. 483 et 554 *sq.*
31. Comme Suétone lui-même le remarque en *Tibère*, 70.

torien. Mais le paradoxe n'est qu'apparent, si l'on suit l'analyse de Paul Veyne : « Écrire l'histoire scientifiquement, comme font nos historiens universitaires, nos professionnels de l'histoire, était à Rome un privilège pratiquement réservé aux sénateurs, puisque cette histoire scientifique, "pragmatique" au sens de Polybe, [...] voit les événements avec les yeux des hommes politiques ou en tout cas avec les connaissances de l'homme d'État, avec les sciences morales et politiques. » On serait tenté de traduire : voit les événements de façon tendancieuse, intéressée. Tacite lui-même appartenait à l'ordre sénatorial quand Suétone n'était que de l'ordre équestre. Or, ajoute P. Veyne, « à Rome, ces nobles matières sont au-dessus du commun. Alors, un historien de vocation, qui n'est malheureusement pas sénateur, mais qui ne se soucie pas non plus de narrations déférentes et patriotiques, se réfugie dans l'érudition : c'est le cas de Suétone, qui recourt au genre de la biographie, lequel était un genre d'érudition, où des "philologues" déversaient les résultats de leurs recherches, et n'était pas senti comme une variété du genre historique[32] ». De là vient que la rigueur et la précision sont du côté où l'attend le moins la perspective dépravée de l'histoire contemporaine. Ce qui n'empêche pas, parfois, l'érudition du chevalier qu'était Suétone de rejoindre l'analyse politique du sénateur nostalgique de la République que fut Tacite. Ainsi lorsqu'ils évoquent l'acharnement de Caligula contre des chevaliers (c'est même un leitmotiv chez Suétone) ou les débuts du principat de Tibère, « passionné jusqu'au snobisme par l'ordre sénatorial auquel il appartenait par toutes les fibres de son être[33] », et l'énergie avec laquelle le sénat renonça à gouverner. Suétone (*Tibère*, 30) rejoint en l'occurrence Tacite

32. P. Veyne, *Le Pain et le cirque. Sociologie historique d'un pluralisme politique*, Paris, Seuil, 1976, p. 517-518.

33. *Ibid.*, p. 635.

(*Annales*, 2, 87), quand il laisse entendre que le sénat ne croyait pas aux avances de Tibère qui, s'il détestait la flatterie, craignait tout autant le franc-parler. Et Paul Veyne de conclure : « Ces contradictions acculèrent le prince à la neurasthénie, et son règne se termina dans un bain de sang ; il y a eu conflit entre le sénat et le prince, non parce que le sénat voulait sa part de pouvoir, mais parce qu'il ne le voulait pas[34]. » Si l'analyse de Tacite est juste, parce que morale et politique, l'exactitude des faits reste du côté de Suétone qui, plutôt que de psychologiser ou d'interpréter, se contente de signaler que Tibère s'obstinait à vouloir consulter le sénat sur les sujets qui n'étaient pas de sa compétence, tels l'armée et la guerre. Ce qui est parfaitement exact. De même lorsque, dans sa biographie de Caligula (*Cal.*, 55), Suétone évoque son cheval, Incitatus, et le désir du prince de le nommer consul, pourquoi lui reprocher d'être totalement passé à côté de l'humour et du sens de la dérision de Caligula[35], quand on sait que de toute façon il a dit vrai ? C'est moins sur l'humour du prince qu'il s'interroge que sur son droit à faire ce genre d'humour à la place où il était. (Imaginons un peu les princes de nos républiques...) Là encore, il pèche par exactitude[36].

Mais, dira-t-on, ce n'est pas l'exactitude qui fait l'historien, au mieux justifie-t-elle le travail de l'archiviste. Tacite infléchit, gauchit, arrange, mais il écrit l'Histoire avec un grand H, oublie l'empereur pour la diplomatie, quand Suétone méconnaît délibérément le

34. *Ibid.*, p. 720.

35. Comme le fait J. Auberger dans son introduction à Dion Cassius, *Histoire romaine. Livres 57-59 (Tibère-Caligula)*, Paris, Les Belles Lettres, 1995.

36. Au demeurant, cet épisode du cheval est devenu une vignette emblématique de la « critique sociale ». Qu'on se souvienne de Musil, au début de *L'Homme sans qualités*, déplorant l'état de la Cacanie, ce pays « où l'on prête du génie même aux chevaux ».

gros de la politique extérieure et s'attache simplement à montrer en quoi il y a adéquation ou non entre le prince et l'empire. D'où l'impression d'étrange immobilité dont on peine à se défendre en lisant son chapelet de biographies égrenées comme autant de recommencements. Comme si, évoquant le passé, Suétone ne faisait jamais que de l'histoire frénétiquement contemporaine, dans le cadre d'un Empire devenu monde et qui serait l'horizon indépassable de son univers historique, quand Tacite s'efforce au contraire d'établir l'autonomie de l'économique, du politique (il accorde une place bien plus importante au sénat) et au peuple. Certes, il arrive aussi à Tacite de psychologiser, mais ce n'est qu'un facteur parmi d'autres de la dynamique du récit qu'il nous livre, alors que la psychologie de Suétone affecte de dire le dernier mot du politique, qui de toute façon obéit moins à la loi des hommes qu'à celle des dieux.

De même a-t-on cru percevoir dans la fréquence des allusions de Suétone aux présages et aux rêves un écho de sa superstition personnelle. L'honnêteté obligerait à y reconnaître plutôt l'expression d'un air du temps, sinon d'une idéologie[37] : pourquoi ne pas y voir simplement l'expression non pas d'un préjugé personnel, mais d'un réflexe d'époque, trahissant plus sûrement la part du rêve et du divin dans la vie princière et impériale ? Et puisqu'il est question de divin, comment résister au malin plaisir de signaler que Tacite et Suétone, en bons historiens contemporains, ont tous deux manqué l'essentiel de leur époque ? Plutarque, dont les préoccupations recoupent partiellement celles de ses deux contemporains, a eu une conscience plus aiguë de ce qui se tramait dans « l'ordre du divin » en rapportant dans l'un de ses traités[38] l'onde de choc provoquée par l'annonce de la mort du Grand Pan qui inquiéta à ce point Tibère

37. Terme que ni E. Cizek ni J. Gascou n'hésitent à employer.
38. *De defectu oraculorum*, 17.

qu'il diligenta une enquête[39]. On chercherait en vain sous la plume de Tacite et de Suétone la moindre allusion à ce terrible séisme en un temps où les intellectuels à la Pline l'Ancien et à la Sénèque étaient de plus en plus mécréants. Positiviste ou superstitieux, aucun n'a vu la désaffection religieuse ou la crise affectant alors le panthéon traditionnel. Ce n'est qu'*in fine* que Suétone évoque les crimes d'« athéisme » punis par Domitien. Pour l'anecdote métaphysique, on se plaira cependant à observer que nos trois excellents « contemporanéistes » ont tous trois manqué l'essentiel, à savoir la naissance du christianisme : c'est sous Tibère qu'un Juif fut mis à mort sur la Croix. Il faudra attendre près de deux siècles pour que le grand historien et apologiste de l'Église, Eusèbe de Césarée, fasse le rapprochement : « Il vaut la peine d'observer, susurre-t-il avec une jubilation mal contenue, à quel moment [...] a eu lieu la mort du démon : c'était sous Tibère, époque où, selon les ouvrages historiques, notre Sauveur accomplissant son séjour chez les hommes a chassé de leur vie toute espèce de démon[40]. » Eusèbe ne dit pas de quels ouvrages historiques il s'agit : certainement pas ceux de Tacite ni de Suétone, malgré les vagues allusions à un dénommé *Chrestos*[41] que l'on trouve dans la biographie de Claude (25, 4). Dans la vie de Néron (16), il évoque brièvement la dangereuse superstition nouvelle qui menace le panthéon établi, sans pour autant la rattacher à l'incendie de Rome. Le christianisme était si peu visible du temps

39. Voir S. Reinach, « La mort du Grand Pan » (1907), *in* S. Reinach, *Cultes, mythes et religions*, Paris, R. Laffont, coll. « Bouquins », 1996, p. 327-328, et J.-Ch. Bailly, *Adieu. Essai sur la mort des dieux*, Paris, Éditions de l'Aube, 1993, p. 99-143.

40. Eusèbe de Césarée, *Préparation évangélique*, V, 17.

41. Chrestos (« l'obligeant ») et Christos (« l'oint ») se prononçaient de la même façon, et le premier nom était répandu chez les esclaves. Voir M.-Fr. Baslez, *Bible et histoire. Judaïsme, hellénisme, christianisme*, Paris, Fayard, 1998, p. 370 et 392.

de Tibère qu'officiellement, dans ses biographies, il n'est rien arrivé dans les années 30-33 du Ier siècle. D'après Suétone, en particulier, tout se passe comme si le christianisme était né, à retardement, des persécutions : la thèse est intéressante, mais il ne la défend pas. L'actualité de Rome sous Domitien n'a suscité chez lui aucune curiosité antiquaire pour le trublion de Palestine, qu'il a pourtant été le premier à nommer, et ses sectateurs. Il est réconfortant de constater que l'essentiel aura obstinément échappé à tous ces excellents auteurs, bardés de méthodes historiques et d'excellentes intentions. Tacite, Plutarque, Suétone ou comment on n'écrit pas l'histoire… Reste le plaisir de la lecture.

TIBÈRE - CALIGULA

LIBER III

TIBERIVS

I. | [1]Patricia gens Claudia (fuit enim et alia plebeia, nec potentia minor nec dignitate) orta est ex Regillis oppido Sabinorum. [2]Inde Romam recens conditam cum magna clientium manu conmigrauit auctore Tito Tatio consorte Romuli, uel, quod magis constat, Atta Claudio gentis principe, post reges exactos sexto fere anno; atque in patricias cooptata agrum insuper trans Anienem clientibus locumque sibi ad sepulturam sub Capitolio publice accepit. [3]Deinceps procedente tempore duodetriginta consulatus, dictaturas quinque, censuras septem, triumphos sex, duas ouationes adepta est. [4]Cum praenominibus cognominibusque uariis distingueretur, Luci praenomen consensu repudiauit, postquam e duobus gentilibus praeditis eo alter latrocinii, caedis alter conuictus est. [5]Inter cognomina autem et Neronis assumpsit, quo significatur lingua Sabina fortis ac strenuus.

Livre III

Tibère

I. La famille patricienne des Claudii – car il y en eut aussi une plébéienne, qui ne lui cédait ni en puissance ni en prestige –, est originaire de Régille, ville des Sabins. De là, elle émigra vers Rome, avec une foule considérable de clients, peu après la fondation de la ville, à l'instigation de Titus Latius[1], le collègue de Romulus, ou, ce qui est mieux établi, environ cinq ans après l'expulsion des rois, sur l'initiative d'Attius Claudius, le chef de la famille. Admise parmi les familles patriciennes, elle reçut en outre de l'État des terres pour ses clients, au-delà du fleuve Anio, et, pour elle-même, un lieu de sépulture, au pied du Capitole. Par la suite, dans le cours des temps, elle obtint vingt-huit consulats, cinq dictatures, sept censures, six triomphes, deux ovations[2]. Elle se distinguait par l'emploi de divers prénoms et surnoms, mais elle rejeta d'un commun accord le prénom de Lucius, après que deux de ses membres qui le portaient eurent été convaincus, l'un de brigandage, l'autre, de meurtre. Entre autres surnoms, elle adopta aussi celui de Néron, qui, en langue sabine, signifie brave et hardi[3].

1. Roi de Rome.

2. L'ovation est un petit triomphe : couronné de myrte, le général victorieux fait son entrée à Rome, non pas sur un char, mais à cheval ou à pied.

3. Même étymologie chez Aulu-Gelle, *N. A.*, XIII, 22.

II. | [1]Multa multorum Claudiorum egregia merita, multa etiam sequius admissa in rem p. extant. [2]Sed ut praecipua commemorem, Appius Caecus societatem cum rege Pyrro ut parum salubrem iniri dissuasit. [3]Claudius Caudex primus freto classe traiecto Poenos Sicilia expulit. † Tibus Nero aduenientem ex Hispania cum ingentibus copiis Hasdrubalem, prius quam Hannibali fratri coniungeretur, oppressit. [4]Contra Claudius Regillianus, decemuir legibus scribendis, uirginem ingenuam per uim libidinis gratia in seruitutem asserere conatus causa plebi fuit secedendi rursus a patribus. [5]Claudius Drusus, statua sibi diademata ad Appi Forum posita, Italiam per clientelas occupare temptauit. [6]Claudius Pulcher apud Siciliam, non pascentibus in auspicando pullis ac per contemptum religionis mari demersis, quasi « ut biberent quando esse nollent », proelium nauale iniit ; superatusque, cum dictatorem dicere a senatu iuberetur, uelut iterum inludens discrimini publico Glycian uiatorem suum dixit. | [7]Extant et feminarum exempla diuersa aeque, siquidem gentis eiusdem utraque Claudia fuit, et quae nauem cum sacris Matris deum Idaeae obhaerentem Tiberino uado extraxit, precata propalam, « ut ita demum se sequeretur, si sibi pudicitia constaret » ; et quae nouo

4. Cf. Tite-Live, *Per.*, 13,6.
5. En 264 av. J.-C.

II. On signale, à propos de maints Claudii nombre de services éminents, mais aussi de crimes contre l'État : je ne rappellerai que les principaux. Appius Caecus déconseilla comme trop désavantageuse la conclusion d'une alliance avec le roi Pyrrhus[4]. Claudius Caudex ayant le premier franchi le détroit (de Messine) avec une flotte, chassa les Carthaginois de la Sicile[5]. [C. Claudius] Néron écrasa Hasdrubal, qui arrivait d'Espagne avec des forces imposantes, avant qu'il fît sa jonction avec son frère Hannibal[6]. Dans l'autre sens, Claudius Regillianus, décemvir préposé à la rédaction des lois, ayant essayé, pour assouvir sa passion, d'emmener de force, comme son esclave, une jeune fille de naissance libre, provoqua la seconde sécession de la plèbe[7]. Claudius Drusus, après s'être fait dresser près du forum d'Appius une statue couronnée d'un diadème, tenta de se rendre maître de l'Italie par le moyen de ses clients. Claudius Pulcher, en Sicile, voyant, alors qu'il prenait les auspices, les poulets sacrés refuser leur nourriture, les fit jeter dans la mer, par mépris pour la religion, sous prétexte « qu'il leur fallait boire, puisqu'ils ne voulaient pas manger », puis il engagea un combat naval ; de plus, ayant été vaincu, et recevant du sénat l'ordre de désigner un dictateur, comme pour insulter encore à l'infortune publique, il désigna Glycias, son huissier. De la part des femmes, également, on signale des exemples tout aussi opposés. À la même famille appartiennent en effet les deux Claudia, celle qui retira des sables du Tibre, où il s'était enlisé, le navire portant la statue de la mère des dieux, la déesse de l'Ida, en la priant publiquement « de la suivre, mais seulement si sa vertu était irréprochable[8] » ; et celle

6. Allusion à la bataille de Métaure, en 207 av. J.-C.

7. En 447. Suétone évoque ici l'aventure de Viriginie. Voir Tite-Live, III, 44 *sq.*

8. Claudia Quinta, petite-fille d'Appius Caecus. Tite-Live, XXIX, 14.

more iudicium maiestatis apud populum mulier subiit, quod, in conferta multitudine aegre procedente carpento, palam optauerat, « ut frater suus Pulcher reuiuesceret atque iterum classem amitteret, quo minor turba Romae foret ». [8]Praeterea notatissimum est Claudios omnis, excepto dum taxat P. Clodio, qui ob expellendum urbe Ciceronem plebeio homini atque etiam natu minori in adoptionem se dedit, optimates adsertoresque unicos dignitatis ac potentiae patriciorum semper fuisse atque aduersus plebem adeo uiolentos et contumaces, ut ne capitis quidem quisquam reus apud populum mutare uestem aut deprecari sustinuerit; nonnulli in altercatione et iurgio tribunos plebi pulsauerint. [9]Etiam uirgo Vestalis fratrem iniussu populi triumphantem ascenso simul curru usque in Capitolium prosecuta est, ne uetare aut intercedere fas cuiquam tribunorum esset.

III. | [1]Ex hac stirpe Tiberius Caesar genus trahit et quidem utrumque : paternum a Tiberio Nerone, maternum ab Appio Pulchro, qui ambo Appi Caeci filii fuerunt. [2]Insertus est et Liuiorum familiae, adoptato in eam materno auo. [3]Quae familia, quanquam plebeia, tamen et ipsa admodum floruit octo consulatibus, censuris duabus, triumphis tribus, dictatura etiam ac magisterio equitum honorata ; clara et insignibus uiris ac maxime Salinatore Drusisque. [4]Salinator uniuersas tribus in censura notauit leuitatis nomine, quod, cum se post priorem consulatum multa inrogata condem-

qui, fait sans précédent, fut, malgré sa qualité de femme, traduite devant le peuple pour lèse-majesté, parce que, voyant sa voiture avancer difficilement au milieu d'une foule compacte, elle avait dit ouvertement : « Ah ! si mon frère Pulcher pouvait revivre et perdre une seconde flotte, pour que la presse soit moins forte à Rome[9] ! » En outre, c'est un fait notoire que tous les Claudii – à l'exception du seul P. Clodius, qui, pour faire bannir Cicéron de Rome, se fit adopter par un homme de la plèbe et même plus jeune que lui[10] –, furent toujours des aristocrates, défenseurs acharnés du prestige et de la puissance des patriciens, si violents, au contraire, et si hautains à l'égard de la plèbe, que nul d'entre eux, fût-il même accusé devant le peuple d'un crime capital, ne consentit à prendre la livrée des suppliants ni à lui adresser aucune prière, et que certains, au cours d'un débat ou d'une contestation, frappèrent des tribuns de la plèbe. Une Claudia, prêtresse de Vesta, monta même dans le char de son frère, qui triomphait contre la volonté du peuple, et l'accompagna jusqu'au Capitole, afin que nul tribun ne pût interposer son veto et l'en empêcher.

III. C'est de cette lignée que Tibère César était issu, et même des deux côtés : par son père, il descendait de Tiberius Néron, par sa mère, d'Appius Pulcher, tous deux fils d'Appius Caecus. Il tenait aussi à la famille des Livii, car son aïeul maternel y était entré par adoption. Cette dernière, quoique plébéienne, jeta, elle aussi, un très grand éclat, puisqu'elle fut honorée par huit consulats, deux censures, trois triomphes, et même par une dictature et par une maîtrise de la cavalerie ; elle fut, en outre, illustrée par des hommes célèbres, surtout par Salinator et par les Drusus. Salinator, durant sa censure, infligea collectivement aux tribus un blâme de légèreté, parce que, après l'avoir condamné à une amende après

9. Fille d'Appius Caecus. Voir Aulu-Gelle, *N. A.*, X, 6.
10. Il s'agit de P. Fonteius. Voir Cicéron, *Pro domo*, 14.

nassent, consulem iterum censoremque fecissent. [5]Drusus hostium duce Drauso comminus trucidato sibi posterisque suis cognomen inuenit. [6]Traditur etiam pro praetore ex prouincia Gallia rettulisse aurum Senonibus olim in obsidione Capitolii datum nec, ut fama est, extortum a Camillo. [7]Eius abnepos ob eximiam aduersus Gracchos operam patronus senatus dictus filium reliquit, quem in simili dissensione multa uarie molientem diuersa factio per fraudem interemit.

IV. | [1]Pater Tiberi, Nero, quaestor C. Caesaris Alexandrino bello classi praepositus, plurimum ad uictoriam contulit. [2]Quare et pontifex in locum P. Scipionis substitutus et ad deducendas in Galliam colonias, in quis Narbo et Arelate erant, missus est. [3]Tamen Caesare occiso, cunctis turbarum metu abolitionem facti decernentibus, etiam de praemiis tyrannicidarum referendum censuit. [4]Praetura deinde functus, cum exitu anni discordia inter triumuiros orta esset, retentis ultra iustum tempus insignibus, L. Antonium consulem triumuiri fratrem ad Perusiam secutus, deditione a ceteris facta, solus permansit in partibus ac primo Praeneste, inde Neapolim euasit seruisque ad pilleum frustra uocatis in Siciliam profugit. [5]Sed indigne ferens nec statim

son premier consulat, elles l'avaient nommé consul une seconde fois, et même censeur. Drusus tua en combat singulier le général ennemi Drausus, ce qui lui valut son surnom, à lui et à ses descendants. On dit aussi qu'étant propréteur en Gaule il rapporta de cette province l'or autrefois remis aux Sénons, lorsqu'ils assiégeaient le Capitole[11], et que, contrairement à la tradition, Camille ne leur avait pas enlevé. Son arrière-petit-fils, nommé le patron du sénat pour l'avoir puissamment assisté contre les Gracques, laissa un fils, qui, durant un conflit analogue, tandis qu'il travaillait à plusieurs réformes différentes, fut traîtreusement assassiné par la faction adverse[12].

IV. Tiberius Néron, le père de Tibère, questeur de C. César, commanda sa flotte pendant la guerre d'Alexandrie et contribua grandement à la victoire. En récompense, il fut d'abord nommé pontife, à la place de P. Scipion, puis envoyé en Gaule pour créer des colonies, entre autres celles de Narbonne et d'Arles. Pourtant, après la mort de César, quand tous (les sénateurs), par crainte de troubles, votaient l'impunité du crime, il alla jusqu'à demander qu'on fît un rapport sur les récompenses dues aux tyrannicides. Plus tard, à la fin de l'année pendant laquelle il exerça la préture, la discorde s'étant élevée entre les triumvirs, il garda ses insignes au-delà du terme légal, suivit à Pérouse le consul L. Antoine, frère du triumvir, et, restant seul de son parti, après la soumission de tous les autres, il parvint à gagner d'abord Préneste, puis Naples, mais, ne réussissant pas à soulever les esclaves en leur promettant la liberté, il se réfugia en Sicile. Mais indigné de n'avoir pas été tout de

11. En 390 av. J.-C.

12. Il essaya de rendre aux sénateurs des attributions judiciaires qu'une loi de C. Gracchus leur avait enlevées au profit des chevaliers, puis voulut faire accorder le droit de cité romaine aux peuples d'Italie qui ne l'avaient pas encore.

se in conspectum Sexti Pompei admissum et fascium usu prohibitum, ad M. Antonium traiecit in Achaiam. [6]Cum quo breui reconciliata inter omnis pace Romam redit uxoremque Liuiam Drusillam et tunc grauidam et ante iam apud se filium enixam petenti Augusto concessit. [7]Nec multo post diem obiit, utroque liberorum superstite, Tiberio Drusoque Neronibus.

V. | [1]Tiberium quidam Fundis natum existimauerunt secuti leuem coniecturam, quod materna eius auia Fundana fuerit et quod mox simulacrum Felicitatis ex S. C. publicatum ibi sit. [2]Sed ut plures certioresque tradunt, natus est Romae in Palatio XVI. Kal. Dec. M. Aemilio Lepido iterum L. Munatio Planco conss. per bellum Philippense. Sic enim in fastos actaque in publica relatum est. [3]Nec tamen desunt, qui partim antecedente anno, Hirti ac Pansae, partim insequenti, Seruili Isaurici *L.* que Antonii consulatu, genitum eum scribant.

VI. | [1]Infantiam pueritiamque habuit *laboriosam* et exercitatam, comes usque quaque parentum fugae ; quos quidem apud Neapolim sub inruptionem hostis nauigium clam petentis uagitu suo paene bis prodidit, semel cum a nutricis ubere, iterum cum a sinu matris raptim auferretur ab iis, qui pro necessitate temporis mulierculas leuare onere temptabant. [2]Per Siciliam quoque et per Achaiam circumductus ac Lacedaemoniis publice, quod in tutela Claudiorum erant, demandatus, digrediens inde itinere nocturno discrimen uitae adiit,

suite admis en présence de Sextus Pompée et de se voir interdire l'usage des faisceaux, il passa en Achaïe, pour rejoindre M. Antoine. Bientôt, à la faveur de la paix générale, il revint avec lui à Rome, et céda à Auguste, sur sa demande, sa femme Livia Drusilla[13], qui non seulement était alors enceinte, mais lui avait déjà donné un fils. Il mourut peu après, laissant deux fils, Tiberius et Drusus Néron.

V. Certains ont prétendu que Tibère était né à Fondi, déduction sans fondement tirée du fait que son aïeule maternelle était de cette ville et que, par la suite, l'État y fit élever, en vertu d'un sénatus-consulte, une statue de la Félicité ; mais, d'après des sources plus nombreuses et plus sûres, il naquit à Rome, au Palatium, seize jours avant les calendes de décembre, sous le second consulat de M. Æmilius Lepidus, qui avait pour collègue L. Munatius Plancus[14], pendant la guerre de Philippes. De fait, c'est ce qui se trouve mentionné dans les fastes et dans les actes officiels. Cependant, il se rencontre des auteurs qui le font naître soit l'année précédente, sous le consulat d'Hirtius et de Pansa, soit l'année suivante, sous le consulat de Servilius Isauricus et de L. Antoine.

VI. Ses premières années et son enfance furent malheureuses et agitées, car il accompagna partout ses parents dans leur fuite ; à Naples, tandis qu'ils cherchaient à s'embarquer secrètement, à l'approche de l'ennemi, il faillit à deux reprises les trahir par ses vagissements, quand on l'arracha en toute hâte d'abord au sein de sa nourrice, puis aux bras de sa mère, pour alléger les femmes de leur fardeau, dans ce moment critique ; promené ensuite à travers la Sicile et l'Achaïe, puis confié à la cité de Lacédémone, qui était sous la protection des Claudii[15], il risqua de périr en voyageant de nuit,

13. Voir Suétone, *Auguste*, 62.

14. En 42 avant J.-C.

15. Les Lacédémoniens étaient les clients des Claudes.

flamma repente e siluis undique exorta adeoque omnem comitatum circumplexa, ut Liuiae pars uestis et capilli amburerentur. [3]Munera, quibus a Pompeia Sex. Pompei sorore in Sicilia donatus est, chlamys et fibula, item bullae aureae, durant ostenduntur que adhuc Bais. [4]Post reditum in urbem a M. Gallio senatore testamento adoptatus hereditate adita mox nomine abstinuit, quod Gallius aduersarum Augusto partium fuerat. | [5]Nouem natus annos defunctum patrem pro rostris laudauit. Dehinc pubescens Actiaco triumpho currum Augusti comitatus est sinisteriore funali equo, cum Marcellus Octauiae filius dexteriore ueheretur. [6]Praesedit et asticis ludis et Troiam circensibus *lusit* ductor turmae puerorum maiorum.

VII. | [1]Virili toga sumpta adulescentiam omnem spatiumque insequentis aetatis usque ad principatus initia per haec fere transegit. [2]Munus gladiatorium in memoriam patris et alterum in aui Drusi dedit, diuersis temporibus ac locis, primum in foro, secundum in amphitheatro, rudiaris quoque quibusdam reuocatis auctoramento centenum milium; dedit et ludos, sed absens : cuncta magnifice, inpensa matris ac uitrici. | [3]Agrippinam, Marco Agrippa genitam, neptem Caecili

16. Manteau de guerre et de voyage des Grecs, attaché à l'épaule droite par une agrafe.

17. Bijoux ronds – en or, en argent ou même en cuir, que les enfants portaient au cou.

18. Peut-être l'homme qu'évoque Cicéron, *Philipp.*, 13,12.

au départ de cette ville, car un incendie éclata subitement et de toutes parts dans les bois, entourant de si près toute la troupe que Livie eut une partie de ses vêtements et sa chevelure atteintes par les flammes. On a conservé et l'on montre encore à Baïes les cadeaux que lui fit en Sicile Pompeia, sœur de Sextus Pompée, une chlamyde[16], une agrafe ainsi que des bulles d'or[17]. Après son retour à Rome, le sénateur M. Gallius[18] l'ayant adopté par testament, il recueillit son héritage, mais s'abstint de prendre son nom, parce que Gallius avait été du parti opposé à celui d'Auguste. À l'âge de neuf ans[19], il perdit son père et prononça du haut de la tribune aux harangues son éloge funèbre. Ensuite, au début de son adolescence, lors du triomphe d'Actium[20], il précéda le char d'Auguste, sur le cheval de volée placé à gauche, tandis que Marcellus, fils d'Octavie, montait celui de droite. Il présida aussi les jeux urbains et prit part aux jeux troyens[21], donnés dans le cirque, comme chef de l'escadron des enfants les plus grands[22].

VII. Après qu'il eut revêtu la toge virile, voici à peu près comment il passa toute son adolescence et la période suivante de sa vie jusqu'au début de son principat. Il donna un combat de gladiateurs, en mémoire de son père, puis un autre, en mémoire de son aïeul Drusus, à des dates et dans des lieux différents, le premier, dans le forum, le second, dans l'amphithéâtre, en rappelant même certains gladiateurs retraités, moyennant une prime de cent mille sesterces ; il donna aussi des jeux, mais en son absence ; ce furent toujours des spectacles magnifiques, célébrés aux frais de sa mère et de son beau-père. Il prit pour femme Agrippine, fille de Marcus

19. En 33 av. J.-C.

20. En 31 av. J.-C., vit la victoire d'Octave sur Antoine et Cléopâtre.

21. Lutte de vitesse entre cavaliers.

22. Voir Suétone, *Aug.*, 43.

Attici equitis R., ad quem sunt Ciceronis epistulae, duxit uxorem ; sublatoque ex ea filio Druso, quanquam bene conuenientem rursusque grauidam dimittere ac Iuliam Augusti filiam confestim coactus est ducere non sine magno angore animi, cum et Agrippinae consuetudine teneretur et Iuliae mores improbaret, ut quam sensisset sui quoque sub priore marito appetentem, quod sane etiam uulgo existimabatur. [4]Sed Agrippinam et abegisse post diuortium doluit et semel omnino ex occursu uisam adeo contentis et umentibus oculis prosecutus est, ut custoditum sit ne umquam in conspectum ei posthac ueniret. [5]Cum Iulia primo concorditer et amore mutuo uixit, mox dissedit et aliquanto grauius, ut etiam perpetuo secubaret, intercepto communis fili pignore, qui Aquileiae natus infans extinctus est. [6]Drusum fratrem in Germania amisit, cuius corpus pedibus toto itinere praegrediens Romam usque peruexit.

VIII. | [1]Ciuilium officiorum rudimentis regem Archelaum Trallianos et Thessalos, uaria quosque de causa, Augusto cognoscente defendit ; pro Laodicenis Thyatirenis Chiis terrae motu afflictis opemque implorantibus senatum deprecatus est ; Fannium Caepionem, qui cum Varrone Murena in Augustum conspirauerat, reum maiestatis apud iudices fecit et condemnauit.

23. Autrement dit, Agrippa, puisque Julie épousa tour à tour Marcellus, Agrippa, puis Tibère.

Agrippa et petite-fille du chevalier romain Caecilius Atticus, le correspondant de Cicéron ; après avoir eu d'elle un fils, Drusus, il se vit, malgré leur parfait accord, et quoiqu'elle fût de nouveau enceinte, contraint de la congédier, pour épouser sur-le-champ Julie, la fille d'Auguste : ce ne fut pas sans une profonde douleur, parce que l'habitude l'attachait à Agrippine, et qu'il réprouvait la conduite de Julie, s'étant aperçu qu'elle avait du goût pour lui, du vivant même de son précédent mari[23], ce qui avait même fait l'objet d'un bruit public. Pour ce qui est d'Agrippine, non seulement il souffrit d'en être séparé, après son divorce, mais, l'ayant une seule fois revue, au hasard d'une rencontre, il la suivit d'un regard si heureux et si attendri, que désormais on prit soin de ne plus la laisser paraître en sa présence. Il vécut d'abord en bonne intelligence avec Julie et répondit à son amour, mais bientôt il s'en détacha, et la séparation fut encore aggravée – car depuis lors il fit toujours lit à part –, quand eut disparu le gage de leur amour, un fils qui naquit à Aquilée et mourut tout enfant. Il perdit son frère Drusus en Germanie[24] et ramena son corps à Rome, en marchant à pied, sur tout le parcours, à la tête du convoi.

VIII. Comme apprentissage des fonctions civiles, Tibère défendit le roi Archelaüs[25], les habitants de Tralles et les Thessaliens, les uns et les autres dans des causes diverses, et par-devant Auguste ; il se fit au sénat le porte-parole des habitants de Laodicée, de Thyatirène et de Chio, ruinés par un tremblement de terre et qui imploraient des secours ; il accusa de lèse-majesté devant les tribunaux et fit condamner Fannius Cépion, qui avait conspiré contre Auguste avec Varron Murena[26].

24. En 9 av. J.-C.

25. Roi de Cappadoce. *Cf.* chap. 37.

26. Épisode évoqué par Suétone, *Aug.*, 19.

[2]Interque haec duplicem curam administrauit, annonae quae artior inciderat, et repurgandorum tota Italia ergastulorum, quorum domini in inuidiam uenerant quasi exceptos supprimerent non solum uiatores sed et quos sacramenti metus ad eius modi latebras compulisset.

IX. | [1]Stipendia prima expeditione Cantabrica tribunus militum fecit, dein ducto ad Orientem exercitu regnum Armeniae Tigrani restituit ac pro tribunali diadema imposuit. Recepit et signa, quae M. Crasso ademerant Parthi. [2]Post hoc Comatam Galliam anno fere rexit et barbarorum incursionibus et principum discordia inquietam. [3]Exin Raeticum Vindelicumque bellum, inde Pannonicum, inde Germanicum gessit. Raetico atque Vindelico gentis Alpinas, Pannonico Breucos et Dalmatas subegit, Germanico quadraginta milia dediticiorum traiecit in Galliam iuxtaque ripam Rheni sedibus adsignatis conlocauit. [4]Quas ob res et ouans et curru urbem ingressus est, prius, ut quidam putant, triumphalibus ornamentis honoratus, nouo nec antea cuiquam tributo genere honoris. | [5]Magistratus et maturius incohauit et paene iunctim percucurrit, quaesturam praeturam consulatum; interpositoque tempore consul iterum etiam tribuniciam potestatem in quinquennium accepit.

27. Voir *Aug.*, 20.

28. Crassus fut tué par les Parthes après la bataille de Carrhes (53 av. J.-C.). Voir *Aug.*, 21.

29. La seule province romaine, la Narbonnaise.

Au milieu de ces occupations, il assuma la double charge d'assurer l'approvisionnement en blé, qui s'était trouvé insuffisant, et de purger les ateliers d'esclaves de toute l'Italie, dont les propriétaires s'étaient rendus odieux, parce qu'on les soupçonnait d'y retenir, après les avoir recueillis, non seulement des voyageurs, mais encore les gens que la crainte du serment militaire avait poussés vers ce genre de retraites.

IX. Il fit ses premières armes dans l'expédition contre les Cantabres[27], en qualité de tribun militaire, puis ayant conduit une armée en Orient, il rendit à Tigrane le trône d'Arménie et le couronna du diadème devant son tribunal. Il reprit aussi les enseignes que les Parthes avaient enlevées à M. Crassus[28]. Ensuite, il gouverna près d'un an la Gaule Chevelue[29], que troublaient à la fois les incursions des barbares et la discorde des chefs. Aussitôt après, il fit les guerres de Rhétie et de Vindélicie, puis de Pannonie[30] et de Germanie. Au cours des deux premières, il soumit les peuplades des Alpes, au cours de la troisième, les Breuces et les Dalmates, à la suite de la dernière, il transporta en Gaule quarante mille Germains, qui avaient fait leur soumission, et les établit sur la rive (gauche) du Rhin, en leur assignant leurs résidences. En récompense de ces succès, il rentra dans Rome avec les honneurs de l'ovation, et sur un char, après avoir reçu, suivant l'opinion de certains, les insignes du triomphe, distinction d'un genre nouveau, que l'on n'avait accordée à personne avant lui. Quant aux magistratures, non seulement il les aborda avant l'âge, mais encore il en parcourut le cycle – questure, préture, consulat –, presque sans interruption ; puis, après un intervalle, étant consul pour la seconde fois, il reçut en outre la puissance tribunicienne pour cinq ans[31].

30. Actuelle Hongrie occidentale, sur la rive droite du Danube.

31. Tibère fut consul pour la deuxième fois en 7 avant J.-C., mais commença sa puissance tribunicienne l'année suivante.

X. [1]Tot prosperis confluentibus, integra aetate ac ualitudine, statuit repente secedere seque e medio quam longissime amouere; dubium uxorisne taedio, quam neque criminari aut dimittere auderet neque ultra perferre posset, an ut uitato assiduitatis fastidio auctoritatem absentia tueretur atque etiam augeret, si quando indiguisset sui res p. [2]Quidam existimant, adultis iam Augusti liberis, loco et quasi possessione usurpati a se diu secundi gradus sponte cessisse, exemplo M. Agrippae, qui, M. Marcello ad munera publica admoto, Mytilenas abierit, ne aut obstare aut obtrectare praesens uideretur. Quam causam et ipse, sed postea, reddidit. [3]Tunc autem honorum satietatem ac requiem laborum praetendens commeatum petit; neque aut matri suppliciter precanti aut uitrico deseri se etiam in senatu conquerenti ueniam dedit. [4]Quin et pertinacius retinentibus, cibo per quadriduum abstinuit. [5]Facta tandem abeundi potestate, relictis Romae uxore et filio confestim Ostiam descendit, ne uerbo quidem cuiquam prosequentium reddito paucosque admodum in digressu exosculatus.

XI. [1]Ab Ostia oram Campaniae legens, inbecillitate Augusti nuntiata, paulum substitit. [2]Sed increbrescente rumore quasi ad occasionem maioris spei commoraretur, tantum non aduersis tempestatibus Rhodum enauigauit, amoenitate et salubritate insulae iam inde captus cum ad eam ab Armenia rediens appulisset. [3]Hic modicis contentus aedibus nec multo laxiore suburbano genus

X. Au milieu de tant de bonheurs, dans la force de l'âge et en pleine santé, il décida tout à coup de disparaître et de se retirer le plus loin possible : on se demande si ce fut par dégoût de sa femme, qu'il n'osait ni accuser ni renvoyer, mais ne pouvait supporter davantage, ou pour éviter de lasser par une présence continuelle, et, grâce à l'absence, affermir ou même accroître son autorité, pour le cas où l'État aurait besoin de lui. Certains estiment que, les enfants d'Auguste étant alors adultes, il leur céda spontanément la place et, pour ainsi dire, le bien, qu'il avait longtemps usurpés en occupant le second rang, et suivit l'exemple de M. Agrippa, qui, voyant M. Marcellus appelé aux charges publiques, s'en était allé à Mitylène, pour ne point paraître, en restant à Rome, son concurrent ou son censeur. C'est d'ailleurs ce motif qu'il donna lui-même, mais plus tard. Pour le moment, sous prétexte qu'il était rassasié des honneurs et voulait se reposer de ses fatigues, il demanda un congé, et il ne se laissa fléchir ni par les supplications de sa mère, ni par son beau-père, qui, jusqu'au sénat, se plaignait amèrement d'être abandonné. Il alla même, comme ils le retenaient avec trop d'insistance, jusqu'à se priver de nourriture pendant quatre jours. Ayant enfin reçu la permission de partir, il se rendit aussitôt à Ostie, laissant à Rome sa femme et son fils, sans répondre un seul mot à aucun de ceux qui l'accompagnaient, ni les embrasser, à part un tout petit nombre, en les quittant.

XI. Il s'éloignait d'Ostie et longeait la côte campanienne, lorsqu'à la nouvelle d'un affaiblissement d'Auguste il s'arrêta quelque temps ; mais, comme le bruit se répandait qu'il s'attardait pour se prêter à la réalisation de plus grandes espérances, en dépit d'un temps presque défavorable il fit voile vers Rhodes, île dont le charme et la salubrité l'avaient séduit, dès le jour où il y avait abordé à son retour d'Arménie. Là, se contentant d'une habitation modeste et d'une maison de banlieue qui n'était guère plus vaste, il adopta un genre

uitae ciuile admodum instituit, sine lictore aut uiatore gymnasio interdum obambulans mutuaque cum Graeculis officia usurpans prope ex aequo. | [4]Forte quondam in disponendo die mane praedixerat, quidquid aegrorum in ciuitate esset uisitare se uelle ; id a proximis aliter exceptum iussique sunt omnes aegri in publicam porticum deferri ac per ualitudinum genera disponi. Perculsus ergo inopinata re diuque quid ageret incertus, tandem singulos circuit excusans factum etiam tenuissimo cuique et ignoto. [5]Vnum hoc modo neque praeterea quicquam notatum est, in quo exseruisse ius tribuniciae potestatis uisus sit : cum circa scholas et auditoria professorum assiduus esset, moto inter antisophistas grauiore iurgio, non defuit qui eum interuenientem et quasi studiosiorem partis alterius conuicio incesseret. [6]Sensim itaque regressus domum repente cum apparitoribus prodiit citatumque pro tribunali uoce praeconis conuiciatorem rapi iussit in carcerem. | [7]Comperit deinde Iuliam uxorem ob libidines atque adulteria damnatam repudiumque ei suo nomine ex auctoritate Augusti remissum ; et quamquam laetus nuntio, tamen officii duxit, quantum in se esset, exorare filiae patrem frequentibus litteris et uel utcumque meritae, quidquid unquam dono dedisset, concedere. [8]Transacto autem tribuniciae potestatis tempore, confessus tandem, nihil aliud secessu deuitasse se quam aemulationis cum C. Lucioque suspicionem, petit ut sibi

de vie tout à fait simple, se promenant parfois au gymnase sans licteur ni huissier, et entretenant des relations avec de simples Grecs, presque sur un pied d'égalité. Un matin, par hasard, en organisant sa journée, il avait manifesté le désir de visiter tous les malades de la ville ; les personnes qui étaient près de lui l'entendirent autrement et donnèrent l'ordre de faire porter tous les malades dans une galerie publique, en les classant d'après leurs infirmités. Alors, stupéfait par ce spectacle inattendu et longtemps incertain sur ce qu'il devait faire, il finit par s'approcher de chacun, s'excusant de cette méprise, même auprès des plus humbles et des inconnus. Voici le seul cas – on n'en a signalé aucun autre –, où il parut manifester sa puissance tribunicienne. Comme il fréquentait assidûment les écoles et les salles de conférences des professeurs, une discussion assez vive s'étant élevée entre des antisophistes[32], il s'en trouva un qui, le voyant intervenir et le prenant pour un chaud partisan de ses adversaires, l'accabla d'injures. Étant alors rentré chez lui sans faire d'éclat, il reparut tout à coup avec des appariteurs, cita son insulteur à son tribunal, par la voix d'un crieur public et le fit traîner en prison. Par la suite, il apprit que sa femme Julie avait été condamnée pour ses débauches et ses adultères[33], et que le divorce lui avait été signifié en son nom, sur l'ordre d'Auguste ; quoique charmé de la nouvelle, il se crut pourtant obligé de faire tout son possible, en multipliant les lettres, pour réconcilier le père avec la fille, et d'abandonner à celle-ci, quelle que fût son indignité, tous les dons qu'il avait pu lui faire. Quand la durée de sa puissance tribunicienne fut écoulée, il avoua enfin n'avoir pas eu d'autre but, en se retirant, que d'éviter tout soupçon de concurrence avec Caius et Lucius, et

32. Le nom de « sophistes » était donné aux grammairiens et aux rhéteurs.

33. Voir Suétone, *Aug.*, 65.

securo iam ab hac parte, conroboratis his et secundum locum facile tutantibus, permitteretur reuisere necessitudines, quarum desiderio teneretur. Sed neque impetrauit ultroque etiam admonitus est : « dimitteret omnem curam suorum, quos tam cupide reliquisset. »

XII. [1] Remansit igitur Rhodi contra uoluntatem, uix per matrem consecutus, ut ad uelandam ignominiam quasi legatus Augusto abesset. | [2]Enimuero tunc non priuatum modo, sed etiam obnoxium et trepidum egit, mediterraneis agris abditus uitansque praeternauigantium officia, quibus frequentabatur assidue, nemine cum imperio aut magistratu tendente quoquam quin deuerteret Rhodum. [3]Et accesserunt maioris sollicitudinis causae. Namque priuignum Gaium Orienti praepositum, cum uisendi gratia traiecisset Samum, alieniorem sibi sensit ex criminationibus M. Lolli comitis et rectoris eius. [4]Venit etiam in suspicionem per quosdam beneficii sui centuriones a commeatu castra repetentis mandata ad complures dedisse ambigua et quae temptare singulorum animos ad nouas res uiderentur. [5]De qua suspicione certior ab Augusto factus non cessauit efflagitare aliquem cuiuslibet ordinis custodem factis atque dictis suis.

XIII. [1]Equi quoque et armorum solitas exercitationes omisit redegitque se deposito patrio habitu ad pallium et crepidas atque in tali statu biennio fere permansit, contemptior in dies et inuisior, adeo ut imagines eius

demanda, puisque désormais il était rassuré sur ce point, les voyant grandis et capables de garder sans peine le second rang, la permission de revoir ses proches, dont il se sentait privé ; mais il ne put l'obtenir, et l'on alla même jusqu'à l'inviter « à ne plus se préoccuper des siens, qu'il avait quittés avec tant d'empressement ».

XII. Il resta donc à Rhodes contre sa volonté, ayant à grand'peine obtenu, sur l'intervention de sa mère, que, pour voiler cette disgrâce, le titre de lieutenant d'Auguste motivât son éloignement. De fait, il vécut alors, non seulement en simple particulier, mais en homme suspect et craintif, se cachant à l'intérieur des terres, se dérobant aux hommages des personnes qui passaient près de l'île, et dont les visites étaient continuelles, aucun général ni magistrat ne rejoignant son poste, où qu'il fût, sans faire un détour vers Rhodes. Il lui survint encore de plus graves sujets d'inquiétude. C'est ainsi qu'ayant fait le voyage de Samos pour rendre visite à son beau-fils Gaius, qui commandait en Orient[34], il le trouva très mal disposé à son égard, par suite des insinuations de M. Lollius, son compagnon et son mentor. On alla jusqu'à le soupçonner d'avoir, par l'entremise de quelques centurions nommés par lui, qui regagnaient l'armée après une permission, adressé à plusieurs personnes des instructions équivoques et paraissant faites pour sonder les dispositions de chacun sur un changement de régime. Auguste l'ayant informé de ce soupçon, il ne cessa de réclamer un surveillant, de n'importe quelle classe, qui contrôlerait ses actes et ses paroles.

XIII. Il renonça même à ses exercices habituels d'équitation et d'escrime, et, quittant le costume romain, se contenta du manteau et des sandales grecs ; il resta près de deux ans dans une telle situation, inspirant de jour en jour plus de mépris et plus de haine, si bien que

34. En 2 ap. J.-C.

et statuas Nemausenses subuerterint ac, familiari quondam conuiuio mentione eius orta, extiterit qui Gaio polliceretur, confestim se, si iuberet, Rhodum nauigaturum caputque exulis (sic enim appellabatur) relaturum. [2]Quo praecipue non iam metu sed discrimine coactus est, tam suis quam matris inpensissimis precibus reditum expostulare, impetrauitque adiutus aliquantum etiam casu. [3]Destinatum Augusto erat, nihil super ea re nisi ex uoluntate maioris fili statuere ; is forte tunc M. Lollio offensior, facilis exorabilisque in uitricum fuit. Permittente ergo Gaio reuocatus est, uerum sub condicione ne quam partem curamue rei p. attingeret.

XIV. | [1]Rediit octauo post secessum anno, magna nec incerta spe futurorum, quam et ostentis et praedictionibus ab initio aetatis conceperat. | [2]Praegnans enim Liuia cum, an marem editura esset, uariis captaret ominibus, ouum incubanti gallinae subductum nunc sua nunc ministrarum manu per uices usque fouit, quoad pullus insigniter cristatus exclusus est. [3]Ac de infante Scribonius mathematicus praeclara spopondit, etiam regnaturum quandoque, sed sine regio insigni, ignota scilicet tunc adhuc Caesarum potestate. [4]Et ingresso primam expeditionem ac per Macedoniam ducente exercitum in Syriam, accidit ut apud Philippos sacratae olim uictricium legionum arae sponte subitis conlucerent ignibus ;

les habitants de Nîmes abattirent ses portraits et ses statues, et qu'un jour, son nom ayant été mentionné dans un repas intime, il se trouva quelqu'un pour promettre à Gaius de s'embarquer à l'instant pour Rhodes, s'il en donnait l'ordre, et de lui rapporter la tête de l'exilé : c'est ainsi qu'on l'appelait. Cette menace fut décisive : il se vit forcé, non plus par la crainte, mais bien par le danger, d'implorer son rappel, en joignant ses prières les plus instantes à celles de sa mère, et il l'obtint, le hasard lui-même l'ayant grandement servi. Auguste avait résolu de s'en remettre sur cette affaire à la décision de son fils aîné ; comme ce dernier se trouvait alors très fâché contre M. Lollius[35], il se montra indulgent et pitoyable à l'égard de son beau-père. Grâce à l'autorisation de Gaius, il fut donc rappelé, mais à condition de ne prendre aucune part, directe ou indirecte, au gouvernement.

XIV. Il revint à Rome après sept ans de retraite, fondant sur l'avenir de grandes et sérieuses espérances, que lui avaient fait concevoir, dès le commencement de sa vie, des présages et des prédictions. En effet, durant sa grossesse, Livie, cherchant à savoir, par divers présages, si elle accoucherait d'un garçon, prit un œuf sous une poule en train de couver et le réchauffa, soit de ses mains, soit en se faisant remplacer à tour de rôle par ses femmes, jusqu'au jour où elle vit éclore un poussin portant une superbe crête. Puis, quand Tibère était tout petit, l'astrologue Scribonius lui promit une destinée brillante, en déclarant même qu'il régnerait un jour, mais sans les insignes de la royauté : or, à cette date, on ignorait évidemment encore quel serait le pouvoir des Césars. Quand il entreprit sa première expédition et traversa la Macédoine pour conduire son armée en Syrie, il advint que près de Philippes les autels consacrés autrefois aux légions victorieuses s'illuminèrent spontanément de

35. Celui-là même qui avait essuyé une grave défaite en 16 av. J.-C. et qui est le dédicataire, entre autres, de Horace, *Odes*, IV, 9.

et mox, cum Illyricum petens iuxta Patauium adisset Geryonis oraculum, sorte tracta, qua monebatur ut de consultationibus in Aponi fontem talos aureos iaceret, euenit ut summum numerum iacti ab eo ostenderent; hodieque sub aqua uisuntur hi tali. [5]Ante paucos uero quam reuocaretur dies aquila numquam antea Rhodi conspecta in culmine domus eius assedit; et pridie quam de reditu certior fieret, uestimenta mutanti tunica ardere uisa est. [6]Thrasyllum quoque mathematicum, quem ut sapientiae professorem contubernio admouerat, tum maxime expertus est affirmantem naue prouisa gaudium afferri; cum quidem illum durius et contra praedicta cadentibus rebus ut falsum et secretorum temere conscium, eo ipso momento, dum spatiatur una, praecipitare in mare destinasset.

XV. | [1]Romam reuersus, deducto in forum filio Druso, statim e Carinis ac Pompeiana domo Esquilias in hortos Maecenatianos transmigrauit totumque se ad quietem contulit, priuata modo officia obiens ac publicorum munerum expers. | [2]Gaio et Lucio intra triennium defunctis, adoptatur ab Augusto simul cum fratre eorum M. Agrippa, coactus prius ipse Germanicum fratris sui filium adoptare. [3]Nec quicquam postea pro patre familias egit aut ius, quod amiserat, ex ulla parte reti-

36. Source d'eaux thermales, près de Padoue.

37. Mage chaldéen qui, à Rhodes, donna à Tibère le goût de l'astrologie et de l'astronomie et resta son ami jusqu'à la mort (Tacite, *Ann.*, VI, 21)

flammes soudaines ; plus tard encore, en faisant route vers l'Illyricum, il était allé consulter près de Padoue l'oracle de Géryon, et les sorts lui dirent de jeter des dés d'or dans la fontaine d'Aponus[36], pour avoir une réponse à ses questions : or, il se produisit que les dés jetés par lui marquèrent le chiffre le plus élevé ; on les voit encore aujourd'hui au fond de l'eau. Quelques jours avant son rappel, un aigle – oiseau jusqu'alors inconnu à Rhodes –, vint se percher sur le faîte de sa maison ; et, la veille du jour où il en reçut la nouvelle, pendant qu'il changeait de vêtements, sa tunique lui parut tout en feu. De plus, c'est surtout dans cette occasion que l'astrologue Thrasylle[37], admis dans son intimité pour lui apprendre son art, lui donna la preuve de son savoir, en lui assurant qu'un navire aperçu dans le lointain lui apportait une joie, alors que précisément, comme la situation empirait contrairement à ses prédictions, Tibère, le tenant pour un imposteur, auquel il regrettait d'avoir confié ses secrets, avait décidé de le précipiter dans la mer à ce moment même, tandis qu'il se promenait avec lui.

XV. Une fois revenu à Rome, aussitôt après avoir fait débuter au forum son fils Drusus, il quitta les Carènes[38] et la maison de Pompée pour se loger aux Esquilies[39], dans les jardins de Mécène, et s'abandonna entièrement au repos, ne remplissant que ses devoirs privés, sans prendre part aux fonctions publiques. Moins de trois ans après, Gaius et Lucius étant morts[40], il fut adopté par Auguste, en même temps que leur frère M. Agrippa, après avoir été obligé d'adopter lui-même Germanicus, le fils de son frère[41]. Dès ce moment, il n'agit plus en père de famille et ne retint en aucune mesure le droit

38. À l'extrémité ouest de l'éperon sud de l'Esquilin.

39. La plus haute des sept collines de Rome.

40. Respectivement, en 4 et en 2 ap. J.-C.

41. Autrement dit, Drusus.

nuit. Nam neque donauit neque manumisit, ne hereditatem quidem aut legata percepit ulla aliter quam ut peculio referret accepta. [4]Nihil ex eo tempore praetermissum est ad maiestatem eius augendam ac multo magis, postquam Agrippa abdicato atque seposito, certum erat uni spem successionis incumbere.

XVI. [1]Data rursus potestas tribunicia in quinquennium, delegatus pacandae Germaniae status ; Parthorum legati mandatis Augusto Romae redditis eum quoque adire in prouincia iussi. [2]Sed nuntiata Illyrici defectione transiit ad curam noui belli, quod grauissimum omnium externorum bellorum post Punica, per quindecim legiones paremque auxiliorum copiam triennio gessit in magnis omnium rerum difficultatibus summaque frugum inopia. [3]Et quanquam saepius reuocaretur, tamen perseuerauit, metuens ne uicinus et praeualens hostis instaret ultro cedentibus. [4]Ac perseuerantiae grande pretium tulit, toto Illyrico, quod inter Italiam regnumque Noricum et Thraciam et Macedoniam interque Danubium flumen et sinum maris Hadriatici patet, perdomito et in dicionem redacto.

XVII. [1]Cui gloriae amplior adhuc ex opportunitate cumulus accessit. [2]Nam sub id fere tempus Quintilius Varus cum tribus legionibus in Germania periit, nemine dubitante quin uictores Germani iuncturi se Pannoniis fuerint, nisi debellatum prius Illyricum esset. [3]Quas ob

42. Étant devenu le fils adoptif d'Auguste, il retombait sous la puissance paternelle.

43. Acquisition qu'un homme libre ou un esclave fait avec le consentement de son père ou de son maître.

qu'il avait perdu[42]. C'est ainsi qu'il ne fit plus ni donation ni affranchissement et n'accepta même aucun héritage ni legs autrement qu'à titre de pécule[43]. Désormais, on ne négligea rien pour accroître sa grandeur, surtout lorsqu'il fut certain, après la déchéance et la déportation d'Agrippa[44], que l'espoir de la succession revenait à lui seul.

XVI. On lui conféra de nouveau la puissance tribunicienne pour cinq ans[45], on le chargea de pacifier la Germanie, et les ambassadeurs des Parthes, après avoir accompli leur mission à Rome, auprès d'Auguste, reçurent l'ordre d'aller le voir, lui aussi, dans sa province. Mais, apprenant la révolte de l'Illyricum, il s'y rendit pour diriger cette nouvelle guerre, qui fut la plus terrible de toutes les luttes étrangères après celles de Carthage, et la fit pendant trois ans, avec quinze légions et un effectif égal de troupes auxiliaires, au milieu de graves difficultés de tout ordre et malgré une extrême pénurie de vivres. Quoiqu'on le rappelât bien souvent, il n'en persévéra pas moins, de peur, s'il se retirait volontairement, d'avoir à ses trousses un ennemi voisin (de l'Italie) et supérieur en nombre. Or, sa persévérance fut largement récompensée, puisque tout l'Illyricum, qui s'étend d'une part entre l'Italie, le royaume du Norique, la Thrace et la Macédoine, de l'autre, entre le fleuve du Danube et le rivage de la mer Adriatique, fut complètement dompté et réduit à l'obéissance.

XVII. Mais, ce qui mit le comble à sa gloire, ce fut l'opportunité de ce succès. C'est, en effet, vers la même date, que Quintilius Varus périt en Germanie avec trois légions et personne ne doutait que les Germains vainqueurs n'eussent fait leur jonction avec les Pannoniens, si l'on n'avait point auparavant soumis l'Illyricum. Pour

44. Voir *Aug.*, 65.
45. En 4. ap. J.-C.

res triumphus ei decretus est multi*que* et magni honores. Censuerunt etiam quidam ut « Pannonicus », alii ut « Inuictus », nonnulli ut « Pius » cognominaretur. [4]Sed de cognomine intercessit Augustus, eo contentum repromittens, quod se defuncto suscepturus esset. [5]Triumphum ipse distulit, maesta ciuitate clade Variana; nihilo minus urbem praetextatus et laurea coronatus intrauit positumque in Saeptis tribunal senatu astante conscendit ac medius inter duos consules cum Augusto simul sedit; unde populo consalutato circum templa deductus est.

XVIII. | [1]Proximo anno repetita Germania, cum animaduerteret Varianam cladem temeritate et neglegentia ducis accidisse, nihil non de consilii sententia egit; semper alias sui arbitrii contentusque se uno, tunc praeter consuetudinem cum compluribus de ratione belli communicauit. [2]Curam quoque solito exactiorem praestitit. Traiecturus Rhenum commeatum omnem ad certam formulam adstrictum non ante transmisit, quam consistens apud ripam explorasset uehiculorum onera, ne qua deportarentur nisi concessa aut necessaria. [3]Trans Rhenum uero eum uitae ordinem tenuit, ut sedens in caespite nudo cibum caperet, saepe sine tentorio pernoctaret, praecepta sequentis diei omnia, et si quid subiti muneris iniungendum esset, per libellos daret; addita monitione ut, de quo quisque dubitaret, se nec alio interprete quacumque uel noctis hora uteretur.

ces exploits, on lui décerna le triomphe et nombre d'honneurs magnifiques. Certains (sénateurs) proposèrent même de le surnommer le Pannonique, d'autres, l'Invincible, quelques-uns, le Pieux, mais Auguste s'y opposa, en promettant qu'il lui suffirait du surnom qui devait lui revenir après sa mort. Quant au triomphe, Tibère lui-même le différa, le désastre de Varus ayant mis la ville en deuil ; néanmoins, il fit son entrée à Rome vêtu de la prétexte et couronné de laurier, monta sur un tribunal dressé dans l'enceinte des élections[46], et, tandis que le sénat restait debout, s'assit entre les deux consuls, à côté d'Auguste ; de là, il salua le peuple, puis le cortège fit la visite des temples.

XVIII. L'année suivante, il retourna en Germanie[47], et, se rendant compte que le désastre de Varus avait été causé par la témérité et la négligence du général, il ne fit rien sans prendre l'avis de son conseil ; alors que dans les autres guerres il décidait toujours tout par lui-même et s'en rapportait à lui seul, cette fois, contrairement à son habitude, il s'entendit avec plusieurs sur la conduite des opérations. En outre, il fut d'une prudence encore plus minutieuse que d'ordinaire. Au moment de franchir le Rhin, il ne laissa passer tout son train de bagages, qu'il avait strictement limité, qu'après avoir vérifié le chargement des chariots, en se tenant sur la rive, afin que l'on n'emportât rien qui ne fût autorisé ou nécessaire. Une fois au-delà du Rhin, voici la ligne de conduite qu'il adopta : il prenait sa nourriture simplement assis sur le gazon, passait fréquemment la nuit sans dresser de tente, donnait tous ses ordres par écrit, soit pour le lendemain, soit quand il avait quelque mesure à faire prendre tout de suite, et il ajoutait cette recommandation, que, dans tous les cas embarrassants, chacun ne devait recourir à nul autre qu'à lui, à toute heure du jour et de la nuit.

46. Sur le Champ-de-Mars, grande place entourée de barrières où le peuple se réunissait pour voter.

47. En 10 ap. J.-C.

XIX. [1]Disciplinam acerrime exegit animaduersionum et ignominiarum generibus ex antiquitate repetitis atque etiam legato legionis, quod paucos milites cum liberto suo trans ripam uenatum misisset, ignominia notato. [2]Proelia, quamuis minimum fortunae casibusque permitteret, aliquanto constantius inibat, quotiens lucubrante se subito ac nullo propellente decideret lumen et extingueretur, confidens, ut aiebat, ostento sibi ac maioribus suis in omni ducatu expertissimo. [3]Sed re prospere gesta non multum afuit quin a Bructero quodam occideretur, cui inter proximos uersanti et trepidatione detecto tormentis expressa confessio est cogitati facinoris.

XX. [1]A Germania in urbem post biennium regressus triumphum, quem distulerat, egit prosequentibus etiam legatis, quibus triumphalia ornamenta impetrarat. Ac prius quam in Capitolium flecteret, descendit e curru seque praesidenti patri ad genua summisit. [2]Batonem Pannonium ducem ingentibus donatum praemiis Rauennam transtulit, gratiam referens, quod se quondam cum exercitu iniquitate loci circumclusum passus esset euadere. [3]Prandium dehinc populo mille mensis et congiarium trecenos nummos uiritim dedit. Dedicauit et Concordiae aedem, item Pollucis et Castoris suo fratrisque nomine de manubiis.

XXI. [1]Ac non multo post lege per consules lata, ut prouincias cum Augusto communiter administraret simulque censum ageret, condito lustro in Illyricum

XIX. Tout à fait rigoureux en matière de discipline, Il remit en usage diverses punitions et flétrissures d'autrefois et nota d'infamie même un légat de légion, qui avait envoyé quelques soldats chasser au-delà du fleuve avec son affranchi. Quant aux combats, quoiqu'il laissât très peu au hasard et à l'imprévu, il les engageait avec bien plus d'assurance chaque fois que dans ses veilles sa lumière baissait et s'éteignait tout à coup sans cause étrangère, ayant, disait-il, confiance dans ce présage qui ne l'avait jamais trompé, ni lui ni ses ancêtres, dans toutes leurs campagnes. Cependant, après un succès, il faillit être assassiné par un Bructère[48], qui, se confondant parmi les personnes dont il était entouré, se trahit par son agitation et laissa échapper dans les tortures l'aveu du crime qu'il méditait.

XX. Après avoir passé deux ans en Germanie, il revint à Rome et célébra le triomphe qu'il avait ajourné, se faisant même accompagner par ses lieutenants, pour lesquels il avait obtenu les insignes du triomphe. Avant de se diriger vers le Capitole, il descendit de son char et s'agenouilla devant son père, qui présidait la cérémonie. Il établit à Ravenne, après l'avoir comblé de présents magnifiques, le chef pannonien Baton[49], en reconnaissance de ce qu'un jour il l'avait laissé échapper d'une passe difficile où il se trouvait enfermé avec ses troupes. Il offrit ensuite au peuple un festin de mille tables et lui distribua de l'argent, à raison de trois cents sesterces par tête. De plus, il dédia un temple à la Concorde, un autre, à Castor et à Pollux, en son nom et en celui de son frère, sur le produit du butin.

XXI. Peu de temps après, les consuls ayant porté une loi, en vertu de laquelle il devait administrer les provinces de concert avec Auguste et faire le recensement avec lui, lorsqu'il eut fermé le lustre il partit pour

48. Voir Tacite, *Germ.*, 33.
49. Qui s'était rendu à Tibère en 10 ap. J.-C.

profectus est. [2]Et statim ex itinere reuocatus iam quidem adfectum, sed tamen spirantem adhuc Augustum repperit fuitque una secreto per totum diem. | [3]Scio uulgo persuasum quasi, egresso post secretum sermonem Tiberio, uox Augusti per cubicularios excepta sit : « Miserum populum R., qui sub tam lentis maxillis erit ! » [4]Ne illud quidem ignoro aliquos tradidisse, Augustum palam nec dissimulanter morum eius diritatem adeo improbasse, ut nonnumquam remissiores hilarioresque sermones superueniente eo abrumperet ; sed expugnatum precibus uxoris adoptionem non abnuisse, uel etiam ambitione tractum, ut tali successore desiderabilior ipse quandoque fieret. [5]Adduci tamen nequeo quin existimem, circumspectissimum et prudentissimum principem in tanto praesertim negotio nihil temere fecisse ; sed uitiis Tiberii uirtutibusque perpensis potiores duxisse uirtutes, praesertim cum et rei p. causa adoptare se eum pro contione iurauerit et epistulis aliquot ut peritissimum rei militaris utque unicum P. R. praesidium prosequatur. [6]Ex quibus in exemplum pauca hinc inde subieci. | «Vale, iucundissime Tiberi, et feliciter rem gere, ἐμοὶ καὶ ταῖς † μουιcαcαιcτ στρατηγῶν. Iucundissime et ita sim felix, uir fortissime et dux νομιμώτατε, uale. » | « [7]Ordinem aestiuorum tuorum ! ego uero, mi Tiberi, et inter tot rerum difficultates καὶ τοσαύτην ἀποθυμίαν τῶν στρατευομένων non potuisse quemquam prudentius gerere se quam tu gesseris,

l'Illyricum. Rappelé aussitôt, en cours de route, il trouva Auguste déjà bien affaibli, mais respirant encore, et passa une journée entière seul à seul avec lui[50]. Je sais, que, d'après l'opinion courante, lorsque Tibère fut sorti, après cet entretien secret, les esclaves de la chambre auraient surpris cette exclamation d'Auguste : « Je plains le peuple romain qui va tomber sous des mâchoires aussi lentes. » Je n'ignore pas non plus que, suivant certains, Auguste réprouva ouvertement et sans se cacher le caractère farouche de Tibère, si bien qu'il lui arriva d'interrompre des conversations trop enjouées et frivoles, en le voyant survenir, et que, s'il consentit à l'adopter, ce fut vaincu par les prières de sa femme ou même poussé par l'ambition de se faire lui-même regretter davantage plus tard, en se donnant un tel successeur. Cependant, je ne puis être amené à croire qu'un prince si réfléchi et si prudent ait rien fait à la légère, surtout dans une affaire de pareille importance, mais j'estime qu'après avoir soigneusement pesé les vices et les vertus de Tibère, il trouva que celles-ci l'emportaient, surtout quand je considère que, devant l'assemblée et sous serment, il déclara l'adopter dans l'intérêt de l'État, et que, dans nombre de lettres, il le célèbre comme un général émérite et comme l'unique appui du peuple romain. J'ai ajouté, à titre d'exemples, quelques passages de ces lettres, que je prends ici et là. « Adieu, très aimable Tibère ! remportez des succès, pour moi et pour [nos compagnons d'armes, à vous et à moi]. Le plus aimable, et, sur mon bonheur ! le plus vaillant des hommes, le plus sage des chefs, adieu ! » – (Comme j'admire) la disposition de votre camp d'été ! pour ma part, mon cher Tibère, j'estime qu'au milieu de tant de circonstances difficiles, avec des troupes si abattues, personne n'aurait pu se comporter plus sagement

50. Voir *Aug.*, 98.

existimo. *Ii* quoque qui tecum fuerunt omnes confitentur, uersum illum in te posse dici :

Vnus homo nobis uigilando restituit rem. »

| 8 « Siue quid incidit de quo sit cogitandum diligentius, siue quid stomachor, ualde medius Fidius Tiberium meum desidero succurritque uersus ille Homericus :

Τούτου γ' ἑσπομένοιο καὶ ἐκ πυρὸς αἰθομένοιο
Ἄμφω νοστήσαιμεν, ἐπεὶ περίοιδε νοῆσαι. »

| 9 « Attenuatum te esse continuatione laborum cum audio et lego, di me perdant nisi cohorrescit corpus meum ; teque oro ut parcas tibi, ne si te languere audierimus, et ego et mater tua expiremus et summa imperi sui populus R. periclitetur. » | 10 « Nihil interest ualeam ipse necne, si tu non ualebis. » | « Deos obsecro, ut te nobis conseruent et ualere nunc et semper patiantur, si non P. R. perosi sunt. »

XXII. | 1 Excessum Augusti non prius palam fecit, quam Agrippa iuuene interempto. Hunc tribunus militum custos appositus occidit lectis codicillis, quibus ut id faceret iubebatur ; quos codicillos dubium fuit, Augustusne moriens reliquisset, quo materiam tumultus

51. Vers qu'Ennius avait appliqué à Fabius Cunctator, qu'Auguste modifie légèrement en remplaçant *cunctando* par *vigilando*. *Cf.* Vahlen, *Ennianae poesis reliquiae*, 2e éd., *Ann.*, 370.

que vous. D'ailleurs, tous vos compagnons d'armes proclament, eux aussi, qu'on pourrait vous appliquer le vers fameux :

La vigilance d'un seul a rétabli notre empire[51].

– Soit qu'il se présente une affaire exigeant de sérieuses réflexions, soit que j'éprouve quelque contrariété, par le dieu des serments[52] ! mon cher Tibère me manque bien et il me vient à l'esprit ces vers d'Homère :

S'il était avec moi, même d'un brasier ardent
Nous nous tirerions tous deux, car sa prudence
est sans égale[53].

– Quand j'entends dire et quand je lis que cet effort continu vous consume, les dieux me perdent si je ne frissonne de tout mon corps ; aussi, je vous supplie de vous ménager, car, si nous apprenions que vous êtes malade, ce serait la mort pour votre mère et pour moi, et l'empire du peuple romain serait compromis tout entier. – Peu importe que ma santé soit bonne ou mauvaise, si vous n'allez pas bien. – Je supplie les dieux de vous conserver à nos vœux, et de vous maintenir en bonne santé, aujourd'hui et toujours, s'ils n'ont pas en horreur le peuple romain. »

XXII. Tibère ne divulgua la mort d'Auguste qu'après le meurtre du jeune Agrippa. Ce fut le tribun militaire préposé à sa garde qui le fit périr, lorsqu'il eut pris connaissance d'une pièce officielle lui en donnant l'ordre ; cette pièce, on ignore si c'est Auguste qui l'avait rédigée avant de mourir, pour supprimer ce qui

52. Alias Jupiter, gardien de la foi jurée.

53. *Iliade*, X, 246 *sq.* Mazon dit, plus précisément : « tant il sait, mieux qu'un autre, avoir d'idées ». Éloge de Diomède, l'homme d'action, adressé à Ulysse, la « tête pensante ».

post se subduceret, an nomine Augusti Liuia et ea conscio Tiberio an ignaro dictasset. [2]Tiberius renuntianti tribuno, factum esse quod imperasset, « neque imperasse se et redditurum cum senatui rationem » respondit, inuidiam scilicet in praesentia uitans. Nam mox silentio rem obliterauit.

XXIII. [1]Iure autem tribuniciae potestatis coacto senatu incohataque adlocutione, derepente uelut impar dolori congemuit, utque non solum uox sed et spiritus deficeret optauit ac perlegendum librum Druso filio tradidit. [2]Inlatum deinde Augusti testamentum, non admissis signatoribus nisi senatorii ordinis, ceteris extra curiam signa agnoscentibus, recitauit per libertum. [3]Testamenti initium fuit : « Quoniam atrox fortuna Gaium et Lucium filios mihi eripuit, Tiberius Caesar mihi ex parte dimidia et sextante heres esto. » [4]Quo et ipso aucta suspicio est opinantium successorem ascitum eum necessitate magis quam iudicio, quando ita praefari non abstinuerit.

XXIV. | [1]Principatum, quamuis neque occupare confestim neque agere dubitasset, et statione militum hoc est ui et specie dominationis assumpta, diu tamen recusauit, impudentissimo *m*imo nunc adhortantis amicos increpans ut « ignaros, quanta belua esset imperium », nunc precantem senatum et procumbentem sibi ad genua ambiguis responsis et callida cunctatione sus-

pouvait causer des troubles après lui, ou si c'est Livie qui l'avait dictée, au nom d'Auguste, de l'aveu ou à l'insu de Tibère. Quand le tribun lui annonça l'exécution de son ordre, Tibère répondit qu'il n'en avait pas donné et que, pour lui, il aurait à rendre compte du meurtre devant le sénat : il ne songeait, à coup sûr, qu'à détourner, pour le moment la haine publique, car, ensuite, il fit le silence sur cette affaire[54].

XXIII. Ayant convoqué le sénat en vertu de sa puissance tribunicienne, il commença une allocution, puis, soudain, comme s'il succombait à sa douleur, il poussa de profonds gémissements, disant qu'il voudrait perdre non seulement la parole, mais la vie, et chargea son fils Drusus de lire son discours. On apporta ensuite le testament d'Auguste ; parmi les signataires, seuls furent admis les membres de l'ordre sénatorial : les autres vérifièrent leurs cachets en dehors de la curie ; puis il le fit lire par un affranchi. Le testament commençait ainsi : « Puisque la cruauté du sort m'a enlevé mes fils Gaius et Lucius, que Tibère César soit mon héritier pour une moitié plus un sixième[55]. » Cette formule même confirma le soupçon des personnes qui estimaient qu'Auguste l'avait pris comme successeur plutôt par nécessité que par choix, puisqu'il ne s'était pas abstenu de ce préambule.

XXIV. Quoiqu'il n'eût hésité ni à s'emparer aussitôt du pouvoir ni à l'exercer, car il se donna même une garde, c'est-à-dire la force et les dehors de la souveraineté, il le refusa longtemps ; jouant la comédie la plus impudente, tantôt il répondait aux exhortations de ses amis en leur reprochant « de ne pas savoir quel monstre était l'empire », tantôt, comme le sénat le suppliait en se jetant à ses genoux, il le tenait en suspens par ses

54. Selon Tacite, *Ann.*, I, 6, le meurtre fut l'œuvre d'un centurion, non du tribun.

55. Voir *Aug.*, 101.

pendens, ut quidam patientiam rumperent atque unus in tumultu proclamaret « Aut agat aut desistat ! » alter coram exprobraret ceteros, quod polliciti sint, tarde praestare, sed ipsum, quod praestet, tarde polliceri. [2]Tandem quasi coactus et querens miseram et onerosam iniungi sibi seruitutem, recepit imperium ; nec tamen aliter, quam ut depositurum se quandoque spem faceret. [3]Ipsius uerba sunt : « Dum ueniam ad id tempus, quo uobis aequum possit uideri dare uos aliquam senectuti meae requiem. »

XXV. | [1]Cunctandi causa erat metus undique imminentium discriminum, ut saepe « lupum se auribus tenere » diceret. [2]Nam et seruus Agrippae Clemens nomine non contemnendam manum in ultionem domini compararat et L. Scribonius Libo uir nobilis res nouas clam moliebatur et duplex seditio militum in Illyrico et in Germania exorta est. [3]Flagitabant ambo exercitus multa extra ordinem, ante omnia ut aequarentur stipendio praetorianis. [4]Germaniciani quidem etiam principem detractabant non a se datum summaque ui Germanicum, qui tum iis praeerat, ad capessendam rem p. urgebant, quamquam obfirmate resistentem. [5]Quem maxime casum timens, partes sibi, quas senatui liberet, tuendas in re p. depoposcit, quando uniuersae sufficere solus nemo posset nisi cum altero uel etiam cum pluribus.

56. *Cf.* Tacite, *Ann.*, I, 11.

réponses équivoques et son hésitation astucieuse[56], au point que certains perdirent patience ; l'un s'écria, au milieu de cette agitation : « Qu'il accepte ou se désiste ! » un second lui dit en face « que si d'autres étaient lents à tenir leurs promesses, lui, au contraire, était lent à promettre ce qu'il tenait déjà ». Enfin, comme par contrainte, en déplorant la misérable et lourde servitude qu'on lui imposait, il accepta l'empire, mais ce ne fut qu'en exprimant l'espoir de s'en décharger plus tard. Voici ses propres paroles : « Jusqu'à ce que je parvienne au moment où il pourra vous paraître légitime d'accorder quelque repos à ma vieillesse. »

XXV. Ce qui causait son hésitation, c'était la crainte de dangers qui le menaçaient de toutes parts : aussi disait-il souvent « qu'il tenait le loup par les oreilles ». En effet, un esclave d'Agrippa, nommé Clemens, avait rassemblé, pour venger son maître, une troupe qui n'était point méprisable ; un personnage noble, L. Scribonius Libo, préparait secrètement une révolution[57]; et une double sédition militaire éclata, dans l'Illyricum et en Germanie. Les deux armées réclamaient plusieurs concessions extraordinaires, mais, avant tout, une solde égale à celle des prétoriens. Les troupes de Germanie allaient même jusqu'à refuser de reconnaître un empereur non désigné par elles et pressaient avec la dernière violence Germanicus, alors leur général, de prendre en main le pouvoir, quoiqu'il s'en défendît énergiquement[58]. Redoutant surtout ce péril, Tibère demanda au sénat de lui laisser dans le gouvernement la part qu'il lui plairait, puisque personne ne pouvait suffire à toute cette tâche, sans avoir un ou même plusieurs collègues. Il feignit même d'être

57. Les deux affaires se déroulèrent en 16. Tibère fit tuer Clemens dans une des salles du Palatin et disparaître son corps. *Cf.* Tacite, *Ann.*, II, 27-31.

58. Voir *Cal.*, 1.

[6]Simulauit et ualitudinem, quo aequiore animo Germanicus celerem successionem uel certe societatem principatus opperiretur. [7]Compositis seditionibus Clementem quoque fraude deceptum redegit in potestatem. [8]Libonem, ne quid in nouitate acerbius fieret, secundo demum anno in senatu coarguit, medio temporis spatio tantum cauere contentus; nam et inter pontifices sacrificanti simul pro secespita plumbeum cultrum subiciendum curauit et secretum petenti non nisi adhibito Druso filio dedit dextramque obambulantis ueluti incumbens, quoad perageretur sermo, continuit.

XXVI. | [1]Verum liberatus metu ciuilem admodum inter initia ac paulo minus quam priuatum egit. [2]Ex plurimis maximisque honoribus praeter paucos et modicos non recepit. Natalem suum plebeis incurrentem circensibus uix unius bigae adiectione honorari passus est. [3]Templa, flamines, sacerdotes decerni sibi prohibuit, etiam statuas atque imagines nisi permittente se poni, permisitque ea sola condicione, ne inter simulacra deorum sed inter ornamenta aedium ponerentur. Intercessit et quo minus in acta sua iuraretur, et ne mensis September Tiberius, October Liuius uocarentur. [4]Praenomen quoque « imperatoris » cognomenque « patris patriae » et ciuicam in uestibulo coronam recusauit; ac ne « Augusti » quidem nomen, quanquam hereditarium, nullis nisi ad reges ac dynastas epistulis

59. Tibère avait succédé à Auguste en août 14, mais Libo ne fut accusé qu'en 16 devant le Sénat et se donna la mort.

malade, pour que Germanicus attendît avec plus de patience une succession prochaine ou du moins une association à l'empire. Les séditions une fois apaisées, il prit aussi Clemens par la ruse et s'en rendit maître. Quant à Libo, pour ne pas débuter par trop de rigueur, ce fut seulement deux années après qu'il l'accusa devant le sénat[59], mais, en attendant, il se contenta de prendre ses précautions contre lui ; ainsi, un jour qu'ils sacrifiaient ensemble, avec les autres pontifes, au lieu du couteau rituel[60], il lui en fit donner un de plomb ; d'autre part, comme Libo lui demandait une audience particulière, il ne la lui accorda qu'en présence de son fils Drusus, et, feignant de s'appuyer sur lui durant leur promenade, il contint sa main droite jusqu'à la fin de la conversation.

XXVI. Délivré de ses craintes, il se conduisit d'abord en véritable citoyen et presque en simple particulier. Parmi une foule d'honneurs extraordinaires, il en accepta seulement quelques-uns, et sans rien d'excessif. Comme l'anniversaire de sa naissance se rencontrait avec les jeux Plébéiens[61], il permit seulement d'y ajouter en son honneur un char à deux chevaux. Il défendit qu'on lui consacrât des temples, des flamines, des prêtres, ou même qu'on lui dressât des statues et qu'on exposât son portrait sans sa permission, et, quand il le permit, ce fut à la seule condition qu'ils figureraient, non parmi les images des dieux, mais comme ornements des édifices. Il ne voulut pas que l'on jurât par ses actes, que le mois de septembre fût appelé Tiberius, ni celui d'octobre, Livius. Il refusa aussi le prénom d'Imperator, le surnom de Père de la patrie, et n'accepta pas de couronne civique dans son vestibule ; même le nom d'Auguste, dont il avait cependant hérité, il ne l'ajouta au sien que dans ses

60. *Secespita*, couteau de fer employé par les pontifes et les flamines.

61. Tibère était né le 16 novembre ; depuis Auguste, ces jeux étaient célébrés du 4 au 17 du même mois.

addidit. [5]Nec amplius quam mox tres consulatus, unum paucis diebus, alterum tribus mensibus, tertium absens usque in Idus Maias gessit.

XXVII. | [1]Adulationes adeo auersatus est, ut neminem senatorum aut officii aut negotii causa ad lecticam suam admiserit, consularem uero satisfacientem sibi ac per genua orare conantem ita suffugerit, ut caderet supinus ; atque etiam, si quid in sermone uel in continua oratione blandius de se diceretur, non dubitaret interpellare ac reprehendere et commutare continuo. [2] « Dominus » appellatus a quodam denuntiauit, ne se amplius contumeliae causa nominaret. Alium dicentem « sacras » eius occupationes et rursus alium « auctore eo » senatum se a*d*isse, uerba mutare et pro auctore « suasorem », pro sacris « laboriosas » dicere coegit.

XXVIII. [1]Sed et aduersus conuicia malosque rumores et famosa de se ac suis carmina firmus ac patiens subinde iactabat « in ciuitate libera linguam mentemque liberas esse debere » ; et quondam senatu cognitionem de eius modi criminibus ac reis flagitante : « Non tantum », inquit, « otii habemus, ut implicare nos pluribus negotiis debeamus ; si hanc fenestram aperueritis, nihil

62. En 18.
63. En 21.
64. En 31.

lettres aux rois et aux souverains. Il n'exerça pas plus de trois nouveaux consulats, le premier, pendant quelques jours[62], le second, pendant trois mois[63], le troisième, sans être à Rome, jusqu'aux ides de mai[64].

XXVII. À l'égard des flatteries, son aversion fut telle, qu'il ne laissa aucun sénateur aborder sa litière, soit pour lui rendre hommage, soit pour traiter d'affaires, et qu'un jour même, comme un consulaire[65], pour lui demander pardon et le supplier, cherchait à lui embrasser les genoux, il se retira si brusquement qu'il tomba à la renverse ; bien plus, si l'on parlait de lui d'une manière trop flatteuse dans une conversation ou dans un discours suivi, il n'hésitait pas à interrompre, à reprendre et à faire changer aussitôt l'expression. Quelqu'un lui ayant donné le nom de maître[66], il lui intima l'ordre de ne plus lui faire cet affront ; un autre qualifiant ses occupations de sacrées[67], et un troisième déclarant qu'il s'était présenté au sénat sur son ordre, il les força de modifier leurs expressions et de dire non pas « sur son ordre », mais « sur son conseil », et « laborieuses », au lieu de « sacrées ».

XXVIII. Même à l'égard des injures, des bruits offensants et des vers satiriques sur lui et sur les siens, il était d'une patience inébranlable et répétait souvent « que dans un État libre la parole et la pensée devaient être libres » ; comme le sénat lui demandait un jour qu'on informât sur les délits de ce genre et contre leurs auteurs, il répondit : « Nous n'avons pas assez de loisir pour qu'il faille nous embarrasser d'un plus grand nombre d'affaires ; si vous ouvrez cette porte[68], vous

65. Il s'agit du Q. Haterius, consul en 5 av. J.-C., mort en 26, évoqué par Tacite, *Ann.*, I, 13.

66. Voir *Aug.*., 53.

67. Voir Tacite, *Ann.*, II, 87.

68. En toute rigueur, il s'agit d'une fenêtre.

aliud agi sinetis : omnium inimicitiae hoc praetexto ad uos deferentur. » [2]Extat et sermo eius in senatu perciuilis : « Siquidem locutus aliter fuerit, dabo operam ut rationem factorum meorum dictorumque reddam ; si perseuerauerit, in uicem eum odero. »

XXIX. | [1]Atque haec eo notabiliora erant, quod ipse in appellandis ueneranndisque et singulis et uniuersis prope excesserat humanitatis modum. [2]Dissentiens in curia a Q. Haterio : « Ignoscas », inquit, « rogo, si quid aduersus te liberius sicut senator dixero. » [3]Et deinde omnis adloquens : « Dixi et nunc et saepe alias, P. C., bonum et salutarem principem, quem uos tanta et tam libera potestate instruxistis, senatui seruire debere et uniuersis ciuibus, saepe et plerumque etiam singulis ; neque id dixisse me paenitet, et bonos et aequos et fauentes uos habui dominos et adhuc habeo. »

XXX. | [1]Quin etiam speciem libertatis quandam induxit conseruatis senatui ac magistratibus et maiestate pristina et potestate. [2]Neque tam paruum quicquam neque tam magnum publici priuatique negotii fuit, de quo non ad patres conscriptos referretur : de uectigalibus ac monopoliis, de extruendis reficiendisue operibus, etiam de legendo uel exauctorando milite ac legionum et auxiliorum discriptione, denique quibus imperium prorogari aut extraordinaria bella mandari, quid et *qua* forma regum litteris rescribi placeret. [3]Praefectum alae de ui et rapinis reum causam in senatu

vous interdirez de faire autre chose : sous ce prétexte, toutes les inimitiés particulières vous seront déférées. » On a également retenu cette déclaration pleine de mesure qu'il fit au sénat : « S'il a parlé autrement (que moi), je tâcherai de lui expliquer mes actes et mes paroles ; s'il persévère, je le haïrai à mon tour. »

XXIX. Cette attitude était d'autant plus remarquable que lui-même, par la déférence avec laquelle il s'adressait à chacun et à tous, avait presque dépassé les bornes de la politesse. Contredisant au sénat Q. Haterius[69], il conclut : « Je vous prie de me pardonner, si comme sénateur j'ai combattu votre opinion avec trop de liberté. » Puis, s'adressant à tous, il ajouta : « Je l'ai dit maintes fois et je le dis encore, sénateurs, un prince bon et secourable, que vous avez investi d'un pouvoir si grand et si peu limité, doit être au service du sénat et de tous les citoyens, et même, souvent et très souvent, de chacun en particulier ; or, je ne me repens pas de l'avoir dit, car j'ai trouvé et je trouve encore en vous des maîtres bons, équitables et bienveillants. »

XXX. Bien plus, il donna, dans une certaine mesure, l'illusion de la liberté, en laissant au sénat et aux magistrats leur prestige et leur pouvoir d'autrefois. Il n'y eut point d'affaire, petite ou grande, publique ou privée, dont on ne référât aux sénateurs : on les consultait sur les impôts et les monopoles, sur la construction ou la restauration des édifices, et même sur les levées et les licenciements de troupes, sur la répartition des légions et des auxiliaires, enfin sur la prolongation des commandements, sur l'attribution à tel ou tel des guerres extraordinaires, sur le fond et sur la forme des réponses à faire aux lettres des rois. Tibère obligea le commandant d'une aile de cavalerie accusé de violence et de rapine à présenter sa défense au sénat. Jamais il n'entra dans la

69. Voir *supra*, chap. 27.

dicere coegit. Numquam curiam nisi solus intrauit; lectica quondam intro latus aeger comites a se remouit.

XXXI. [1]Quaedam aduersus sententiam suam decerni ne questus quidem est. [2]Negante eo destinatos magistratus a*b*esse oportere, ut praesentes honori adquiescerent, praetor designatus liberam legationem impetrauit. [3]Iterum censente, ut Trebianis legatam in opus noui theatri pecuniam ad munitionem uiae transferre concederetur, optinere non potuit quin rata uoluntas legatoris esset. [4]Cum senatus consultum per discessionem forte fieret, transeuntem eum in alteram partem, in qua pauciores erant, secutus est nemo. | [5]Cetera quoque non nisi per magistratus et iure ordinario agebantur, tanta consulum auctoritate, ut legati ex Africa adierint eos querentes trahi se a Caesare ad quem missi forent. Nec mirum, cum palam esset, ipsum quoque eisdem et assurgere et decedere uia.

XXXII. [1]Corripuit consulares exercitibus praepositos, quod non de rebus gestis senatui scriberent quodque de tribuendis quibusdam militaribus donis ad se referrent, quasi non omnium tribuendorum ipsi ius haberent. [2]Praetorem conlaudauit, quod honore inito consuetudinem antiquam rettulisset de maioribus suis pro contione memorandi. Quorundam illustrium exequias usque ad rogum frequentauit. | [3]Parem moderationem minoribus quoque et personis et rebus exhibuit. Cum Rhodiorum magistratus, quod litteras publicas

curie sans être seul ; un jour, se trouvant malade, il y fut introduit en litière, mais il fit retirer sa suite[70].

XXXI. Certaines décisions furent prises contrairement à son avis et il ne s'en plaignit même pas. Quoiqu'il soutînt que les magistrats désignés ne devaient pas s'absenter, mais rester sur place pour s'occuper de leur charge, un préteur désigné obtint une mission libre[71]. Une autre fois, il demanda pour les habitants de Trébie[72] l'autorisation d'affecter à l'entretien d'une route une somme qu'on leur avait léguée pour construire un nouveau théâtre, mais il ne put l'obtenir et la volonté du testateur fut ratifiée. Dans une circonstance où les sénateurs se séparaient en deux groupes pour voter, il passa du côté de la minorité sans que personne le suivît. Les autres affaires, elles aussi, n'étaient réglées que par les magistrats et selon le droit ordinaire ; l'autorité des consuls était si grande que des ambassadeurs venus d'Afrique allèrent les trouver pour se plaindre des lenteurs de César à qui on les avait adressés. Et cela n'a rien d'étonnant, car tout le monde le voyait lui-même se lever devant eux et leur céder le passage.

XXXII. Il blâma des consulaires placés à la tête des armées de ne pas écrire au sénat pour l'informer de leurs actes et d'en référer à l'empereur avant d'accorder certaines récompenses militaires, comme s'ils n'avaient pas eux-mêmes le droit de les décerner toutes. Il félicita vivement un préteur d'avoir, à son entrée en charge, repris l'ancien usage de rappeler ses ancêtres devant l'assemblée. Il suivit jusqu'au bûcher le convoi de certains personnages illustres. Il fit preuve d'une égale modération même envers des personnes et dans des occasions de moindre importance. Ayant fait venir à Rome des magistrats rhodiens qui lui avaient adressé des

70. Voir Dion Cassius, LVII, 17, qui date l'épisode de l'an 17.
71. Ce qui lui donnait les privilèges d'un ambassadeur.
72. Probablement Trévi, en Ombrie.

sine subscriptione ad se dederant, euocasset, ne uerbo quidem insectatus ac tantum modo iussos subscribere remisit. [4]Diogenes grammaticus, disputare sabbatis Rhodi solitus, uenientem eum, ut se extra ordinem audiret, non admiserat ac per seruolum suum in septimum diem distulerat; hunc Romae salutandi sui causa pro foribus adstantem nihil amplius quam ut post septimum annum rediret admonuit. [5]Praesidibus onerandas tributo prouincias suadentibus rescripsit « boni pastoris esse tondere pecus, non deglubere. »

XXXIII. | [1]Paulatim principem exeruit praestititque etsi uarium diu, commodiorem tamen saepius et ad utilitates publicas proniorem. [2]Ac primo eatenus interueniebat, ne quid perperam fieret. Itaque et constitutiones senatus quasdam rescidit et magistratibus pro tribunali cognoscentibus plerumque se offerebat consiliarium assidebatque iuxtim uel exaduersum in parte primori; et si quem reorum elabi gratia rumor esset, subitus aderat iudicesque aut e plano aut e quaesitoris tribunali legum et religionis et noxae, de qua cognoscerent, admonebat; atque etiam, si qua in publicis moribus desidia aut mala consuetudine labarent, corrigenda suscepit.

XXXIV. [1]Ludorum ac munerum impensas corripuit, mercedibus scaenicorum recisis paribusque gladiatorum ad certum numerum redactis. [2]Corinthiorum uasorum pretia in immensum exarsisse tresque mullos triginta milibus nummum uenisse grauiter conquestus,

lettres officielles sans formule de salutation, il les renvoya sans un mot de reproche et les invita seulement à ne plus l'oublier. Le grammairien Diogène, qui donnait régulièrement des leçons à Rhodes les jours de sabbat, ne l'avait pas reçu quand il vint lui demander une conférence particulière et lui avait fait dire par son esclave d'attendre le septième jour ; or, ce grammairien se présentant à sa porte, à Rome, afin de lui rendre ses devoirs, pour toute leçon il lui fit répondre de revenir dans sept ans. À des gouverneurs qui lui conseillaient d'augmenter les impôts de leurs provinces, il écrivit « qu'un bon pasteur devait tondre son troupeau, non l'écorcher ».

XXXIII. Peu à peu le maître se manifesta, et longtemps il se montra capricieux, sans doute, mais d'ordinaire plutôt bienveillant et soucieux des intérêts publics. Au commencement, il n'intervenait que pour prévenir les abus. C'est ainsi qu'il cassa certains décrets du sénat, et que, très souvent, il s'offrait comme conseiller aux magistrats qui jugeaient à leur tribunal, s'asseyant à côté ou en face d'eux, au premier rang ; si le bruit courait que la faveur allait faire acquitter un accusé, il apparaissait tout à coup, et, soit de plain-pied, soit du haut du tribunal de l'instructeur, il rappelait aux juges les lois, le caractère sacré de leurs fonctions, et le délit dont ils avaient à connaître. En outre, partout où les mœurs publiques fléchissaient du fait de la négligence ou d'une habitude mauvaise, il entreprit leur redressement.

XXXIV. Il réduisit les dépenses des jeux et des spectacles en diminuant le salaire des acteurs[73] et en limitant le nombre des couples de gladiateurs. S'étant plaint avec sévérité que le prix des vases de Corinthe fût devenu exorbitant et que trois surmulets eussent été vendus trente mille sesterces, il demanda que l'on mît des

73. Voir Tacite, *Ann.*, I, 77.

adhibendum supellectili modum censuit annonamque macelli senatus arbitratu quotannis temperandam, dato aedilibus negotio popinas ganeasque usque eo inhibendi, ut ne opera quidem pistoria proponi uenalia sinerent. [3]Et ut parsimoniam publicam exemplo quoque iuuaret, sollemnibus ipse cenis pridiana saepe ac semesa obsonia apposuit dimidiatumque aprum, affirmans « omnia eadem habere, quae totum. » | [4]Cotidiana oscula edicto prohibuit, item strenarum commercium ne ultra Kal. Ian. exerceretur. Consuerat quadriplam strenam, et de manu, reddere; sed offensus interpellari se toto mense ab iis, qui potestatem sui die festo non habuissent, ultra non tulit.

XXXV. [1]Matronas prostratae pudicitiae, quibus accusator publicus deesset, ut propinqui more maiorum de communi sententia coercerent auctor fuit. [2]Eq. R. iuris iurandi gratiam fecit, uxorem in stupro generi compertam dimitteret, quam se numquam repudiaturum ante iurauerat. [3]Feminae famosae, ut ad euitandas legum poenas iure ac dignitate matronali exoluerentur, lenocinium profiteri coeperant, et ex iuuentute utriusque ordinis profligatissimus quisque, quominus in opera scaenae harenaeque edenda senatus consulto teneretur, famosi iudicii notam sponte subibant; eos easque omnes, ne quod refugium in tali fraude cuiquam esset, exilio adfecit. [4]Senatori latum clauum

bornes au luxe du mobilier et que le prix des denrées fût réglementé tous les ans par décision du sénat, mission étant donnée aux édiles de surveiller étroitement les tavernes et les cabarets, jusqu'à interdire même la mise en vente de la pâtisserie. Et de plus, pour donner à tous l'exemple de l'économie, souvent il se fit servir lui-même, dans des festins de cérémonie, les mets de la veille, déjà entamés, par exemple une moitié de sanglier, en déclarant « qu'elle avait toutes les mêmes qualités qu'un sanglier entier ». Il défendit par un édit de s'embrasser tous les jours[74] ainsi que d'échanger des étrennes passé les calendes de janvier. Son habitude était de les rendre au quadruple et de sa propre main, mais, fatigué d'être dérangé pendant tout le mois par ceux qui n'avaient pu le voir le premier jour de l'an, il ne le supporta plus après cette date.

XXXV. À l'égard des matrones qui se prostituaient, il ordonna que, à défaut d'accusateur public, ce seraient, suivant l'usage d'autrefois, leurs proches qui les puniraient, en vertu d'une sentence collective. Il autorisa un chevalier romain à renvoyer sa femme, convaincue de relations adultères avec son gendre, en le relevant du serment qu'il avait fait autrefois de ne jamais la répudier. Les femmes perdues de réputation, afin d'échapper aux sanctions légales en renonçant aux droits et à la dignité de matrones, commençaient à prendre l'habitude de se déclarer courtisanes, et les jeunes libertins des deux ordres, pour n'être pas empêchés par les défenses du sénat de paraître sur le théâtre ou dans l'arène, se soumettaient d'eux-mêmes à une flétrissure judiciaire ; Tibère les exila tous, hommes et femmes, afin que personne ne pût s'abriter derrière de pareils subterfuges. Il ôta le laticlave à un sénateur, parce qu'il avait appris

74. Cette interdiction des accolades lui fut dictée par l'apparition d'une maladie de peau dont Tibère lui-même souffrit : voir Pline, *H. N.*., XXVI, 3, et *infra*, 68.

ademit, cum cognosset sub Kal. Iul. demigrasse in hortos, quo uilius post diem aedes in urbe conduceret. Alium e quaestura remouit, quod uxorem pridie sortitionem ductam postridie repudiasset.

XXXVI. [1]Externas caerimonias, Aegyptios Iudaicosque ritus compescuit, coactis qui superstitione ea tenebantur religiosas uestes cum instrumento omni comburere. [2]Iudaeorum iuuentutem per speciem sacramenti in prouincias grauioris caeli distribuit, reliquos gentis eiusdem uel similia sectantes urbe summouit, sub poena perpetuae seruitutis nisi obtemperassent. [3]Expulit et mathematicos, sed deprecantibus ac se artem desituros promittentibus ueniam dedit.

XXXVII. | [1]In primis tuendae pacis a grassaturis ac latrociniis seditionumque licentia curam habuit. [2]Stationes militum per Italiam solito frequentiores disposuit. Romae castra constituit, quibus praetorianae cohortes uagae ante id tempus et per hospitia dispersae continerentur. | [3]Populares tumultus et ortos grauissime coercuit et ne orerentur sedulo cauit. [4]Caede in theatro per discordiam admissa, capita factionum et histriones, propter quos dissidebatur, relegauit, nec ut reuocaret umquam ullis populi precibus potuit euinci. [5]Cum Pollentina plebs funus cuiusdam

75. Le point de départ des baux étant fixé aux calendes de juillet, c'était l'époque des augmentations de loyer.

76. Ayant tiré au sort une riche province, ledit questeur n'avait plus que mépris pour son épouse désargentée… Voir Turnèbe, *Advers.*, XIV, 17.

qu'il était allé loger à la campagne vers les calendes de juillet, afin de louer à meilleur compte une maison à Rome, ce terme une fois passé[75]. À un autre, il retira la charge de questeur, parce qu'il avait répudié le lendemain du tirage au sort la femme qu'il avait épousée le jour d'avant[76].

XXXVI. Il interdit les religions étrangères, les cultes égyptien et juif, en obligeant les adeptes de cette première superstition[77] à brûler tous les vêtements et objets sacrés. La jeunesse juive fut répartie, sous prétexte de service militaire, dans des provinces malsaines, et les autres membres de cette nation ou gens de culte analogue furent chassés de Rome, sous peine d'une servitude perpétuelle, en cas de désobéissance[78]. Il voulut aussi bannir les astrologues, mais devant leurs supplications et sur la promesse qu'ils renonceraient à leur art, il leur fit grâce.

XXXVII. Il prit soin avant tout de garantir la tranquillité publique contre les vols, les brigandages et les menaces d'émeutes. Il multiplia les postes de soldats distribués dans toute l'Italie. À Rome, il fit construire une caserne pour les soldats des cohortes prétoriennes, jusque-là sans résidence fixe et dispersés chez des hôtes[79]. S'il réprima très sévèrement les désordres populaires qui avaient pu se produire, il fit aussi tout le possible pour les prévenir. Un meurtre ayant été commis au théâtre, au cours d'une querelle entre les spectateurs, il relégua les chefs des factions et les histrions qui étaient cause de la rixe, et, malgré toutes les instances du peuple, il ne consentit jamais à les rappeler. La populace de Pollentia[80] ayant tenu arrêté sur la place publique le

77. C'est-à-dire, les sectateurs d'Isis.

78. Quatre mille jeunes juifs auraient été déportés en Sardaigne. Voir Josèphe, *Ant. Iud.*, XVIII, 3, 5, et Tacite, *Ann.*, II, 85.

79. Voir Tacite, *Ann.*, IV, 2, et Suétone, *Aug.*, 49.

80. Dans le Picenum.

primipilaris non prius ex foro misisset quam extorta pecunia per uim heredibus ad gladiatorium munus, cohortem ab urbe et aliam a Cotti regno, dissimulata itineris causa, detectis repente armis concinentibusque signis, per diuersas portas in oppidum immisit ac partem maiorem plebei ac decurionum in perpetua uincula coiecit. [6]Aboleuit et ius moremque asylorum, quae usquam erant. [7]Cyzicenis in ciues R. uiolentius quaedam ausis publice libertatem ademit, quam Mithridatico bello meruerant. | [8]Hostiles motus nulla postea expeditione suscepta per legatos compescuit, ne per eos quidem nisi cunctanter et necessario. [9]Reges infestos suspectosque comminationibus magis et querelis quam ui repressit; quosdam per blanditias atque promissa extractos ad se non remisit, ut Marobodum Germanum, Rhascypolim Thracem, Archelaum Cappadocem, cuius etiam regnum in formam prouinciae redegit.

XXXVIII. | Biennio continuo post adeptum imperium pedem porta non extulit; sequenti tempore praeterquam in propinqua oppida et, cum longissime, Antio tenus nusquam afuit, idque perraro et paucos dies, quamuis prouincias quoque et exercitus reuisurum se saepe pronuntiasset et prope quotannis profectionem praepararet, uehiculis comprehensis, commea-

convoi d'un centurion primipilaire, jusqu'à ce qu'elle eût, par contrainte, extorqué à ses héritiers la somme nécessaire pour un spectacle de gladiateurs, il fit partir une cohorte de Rome, une autre, du royaume de Cottius[81], sans indiquer le motif de leur marche, puis, tout à coup, on fit découvrir les armes, des sonneries retentirent, les soldats pénétrèrent dans la ville par les différentes portes, et la plupart des habitants et des décurions furent jetés en prison pour le reste de leurs jours. Il abolit aussi le droit et l'usage des lieux d'asile, où qu'ils fussent. Les habitants de Cyzique s'étant permis certaines violences à l'égard de citoyens romains, il leur ôta collectivement la liberté, qu'ils avaient méritée pendant la guerre contre Mithridate. Quant aux tentatives des ennemis, sans désormais entreprendre aucune expédition, il les arrêta par l'intermédiaire de ses lieutenants ; encore ne le fit-il qu'avec réserve et dans le cas de nécessité. Les rois hostiles à Rome ou de tendances douteuses furent tenus en respect au moyen de menaces et de reproches plutôt que par la force ; il en attira certains auprès de lui par des flatteries et des promesses, et ne leur permit plus de repartir : tels furent le Germain Marobodus, le Thrace Rhascuporis, le Cappadocien Archelaüs, dont il réduisit même le royaume à l'état de province[82].

XXXVIII. Durant deux années entières après son avènement à l'empire, il ne mit pas les pieds hors de Rome ; pendant la période suivante, il ne s'absenta que pour aller dans les villes voisines et sans dépasser Antium, d'ailleurs très rarement et pour quelques jours ; cependant, il avait maintes fois annoncé qu'il irait visiter aussi les provinces et les armées, et presque tous les ans il préparait son départ, faisant rassembler des chariots,

81. Royaume indépendant situé dans les Alpes, dont Néron fit une simpole province.

82. En 17 ap. J.-C.

tibus per municipia et colonias dispositis, ad extremum uota pro itu et reditu suo suscipi passus, ut uulgo iam per iocum « Callippides » uocaretur, quem cursitare ac ne cubiti quidem mensuram progredi prouerbio Graeco notatum est.

XXXIX. [1]Sed orbatus utroque filio, quorum Germanicus in Syria, Drusus Romae obierat, secessum Campaniae petit; constanti et opinione et sermone paene omnium quasi neque rediturus umquam et cito mortem etiam obiturus. [2]Quod paulo minus utrumque euenit; nam neque Romam amplius rediit et paucos post dies iuxta Tarracinam in praetorio, cui Speluncae nomen est, incenante eo complura et ingentia saxa fortuito superne delapsa sunt, multisque conuiuarum et ministrorum elisis praeter spem euasit.

XL. | [1]Peragrata Campania, cum Capuae Capitolium, Nolae templum Augusti, quam causam profectionis praetenderat, dedicasset, Capreas se contulit praecipue delectatus insula, quod uno paruoque litore adiretur, saepta undique praeruptis immensae altitudinis rupibus et profundo mari. [2]Statimque reuocante assidua obtestatione populo propter cladem, qua apud Fidenas supra uiginti hominum milia gladiatorio munere amphitheatri ruina perierant, transiit in continentem potestatemque omnibus adeundi sui fecit :

83. En 19 ap. J.-C.
84. En 23.

disposer le matériel nécessaire dans les municipes et les colonies, laissant même enfin commencer des prières pour son voyage et pour son retour, si bien que désormais le public lui donnait par ironie le surnom de Callippide, personnage qui, suivant un proverbe grec, ne cesse de courir sans avancer même d'une coudée.

XXXIX. Mais, lorsqu'il eut perdu ses deux fils, Germanicus étant mort en Syrie[83], Drusus, à Rome[84], il se retira en Campanie[85] ; presque tout le monde était d'accord pour penser et pour dire qu'il ne reviendrait plus, et même qu'il mourrait bientôt. Or, il s'en fallut de peu que ces prévisions ne fussent réalisées l'une et l'autre ; tout d'abord, en effet, il ne revint plus à Rome, et, quelques jours après son départ, comme il dînait près de Terracine dans une maison de plaisance appelée « Spelunca[86] », plusieurs rochers énormes se détachèrent accidentellement de la voûte, nombre de convives et de serviteurs furent écrasés et lui-même échappa contre toute espérance.

XL. Ayant parcouru la Campanie et dédié le temple de Jupiter à Capoue, le temple d'Auguste à Nole, ce qui lui avait fourni le prétexte de son départ, il se rendit à Capri, portant ses préférences sur cette île, parce qu'elle est abordable d'un seul côté et sur une faible étendue, car partout ailleurs elle est entourée par des rochers à pic d'une hauteur immense et par une mer profonde. Rappelé aussitôt par les instances réitérées du peuple, à cause de la catastrophe survenue à Fidènes[87], où plus de vingt mille hommes avaient péri sous les ruines d'un amphithéâtre, au cours d'un spectacle de gladiateurs, il repassa sur le continent et permit à tous de l'approcher :

85. En fait, Tibère ne partit pour Capri qu'en 26.

86. C'est-à-dire « grotte ».

87. Ville du Latium, sur le Tibre.

tanto magis, quod urbe egrediens ne quis se interpellaret edixerat ac toto itinere adeuntis submouerat.

XLI. | Regressus in insulam rei p. quidem curam usque adeo abiecit, ut postea non decurias equitum umquam supplerit, non tribunos militum praefectosque, non prouinciarum praesides ullos mutauerit, Hispaniam et Syriam per aliquot annos sine consularibus legatis habuerit, Armeniam a Parthis occupari, Moesiam a Dacis Sarmatisque, Gallias a Germanis uastari neglexerit, magno dedecore imperii nec minore discrimine.

XLII. [1]Ceterum secreti licentiam nanctus et quasi ciuitatis oculis remotis, cuncta simul uitia male diu dissimulata tandem profudit ; de quibus singillatim ab exordio referam. [2]In castris tiro etiam tum propter nimiam uini auiditatem pro Tiberio « Biberius », pro Claudio « Caldius », pro Nerone « Mero » uocabatur. [3]Postea princeps in ipsa publicorum morum correctione cum Pomponio Flacco et L. Pisone noctem continuumque biduum epulando potandoque consumpsit, quorum alteri Syriam prouinciam, alteri praefecturam urbis confestim detulit, codicillis quoque iucundissimos et omnium horarum amicos professus. [4]Sestio Gallo, libidinoso ac prodigo seni, olim ab Augusto ignominia notato et a se ante paucos dies apud senatum increpito

88. C'est-à-dire « biberon ».
89. Sans doute à cause du vin chaud débité dans les tavernes.

cela s'imposait d'autant plus qu'en sortant de Rome il avait défendu par édit que personne vînt le déranger, et, sur toute la route, avait fait écarter les gens qui s'approchaient.

XLI. Une fois revenu dans son île, Tibère se désintéressa si complètement des affaires publiques, qu'à partir de cette date il ne compléta jamais les décuries des chevaliers, ne fit aucune mutation parmi les tribuns militaires, les commandants de cavalerie et les gouverneurs de provinces, laissa pendant bon nombre d'années l'Espagne et la Syrie sans lieutenants consulaires, permit aux Parthes d'occuper l'Arménie, aux Daces et aux Sarmates, de ravager la Mésie, et aux Germains, les Gaules, à la grande honte, mais aussi au grand péril de l'empire.

XLII. Mais, à la faveur de la solitude et, pour ainsi dire, loin des regards de la cité, il laissa enfin déborder à la fois tous ses vices qu'il avait longtemps mal dissimulés : je vais les examiner un à un, dès l'origine. Déjà, lors de ses débuts dans l'armée, sa passion excessive pour le vin le faisait appeler Biberius[88] au lieu de Tiberius, Caldius[89], au lieu de Claudius, et Mero[90], au lieu de Nero. Plus tard, une fois empereur, au moment même où il réformait les mœurs publiques, il passa deux jours et une nuit de suite à faire bombance et à boire en compagnie de Pomponius Flaccus et de L. Pison, puis, aussitôt après, il donna au premier la province de Syrie, à l'autre, la préfecture de la ville[91], allant même jusqu'à les proclamer dans ses lettres de nomination ses amis les plus chers et de toutes les heures. Il promit à Sestius Gallus, vieillard débauché et prodigue, autrefois noté d'infamie par Auguste et que lui-même avait, quelques jours auparavant, réprimandé devant le sénat, de dîner

90. Ablatif de *merum*, vin pur.
91. Voir Tacite, *Ann.*, VI, 10 et 27.

cenam ea lege condixit, ne quid ex consuetudine immutaret aut demeret utque nudis puellis ministrantibus cenaretur. [5]Ignotissimum quaesturae candidatum nobilissimis anteposuit ob epotam in conuiuio propinante se uini amphoram. [6]Asellio Sabino sestertia ducenta donauit pro dialogo, in quo boleti et ficedulae et ostreae et turdi certamen induxerat. [7]Nouum denique officium instituit a uoluptatibus, praeposito equite R. T. Caesonio Prisco.

XLIII. [1]Secessu uero Caprensi etiam sellaria excogitauit, sedem arcanarum libidinum, in quam undique conquisiti puellarum et exoletorum greges monstrosique concubitus repertores, quos spintrias appellabat, triplici serie conexi, in uicem incestarent coram ipso, ut aspectu deficientis libidines excitaret. [2]Cubicula plurifariam disposita tabellis ac sigillis lasciuissimarum picturarum et figurarum adornauit librisque Elephantidis instruxit, ne cui in opera edenda exemplar imperatae schemae deesset. [3]In siluis quoque ac nemoribus passim Venerios locos commentus est prost*an*tisque per antra et cauas rupes ex utriusque sexus pube Paniscorum et Nympharum habitu; *ob* quae palam iam et uulgo nomine insulae abutentes « Caprineum » dictitabant.

XLIV. | [1]Maiore adhuc ac turpiore infamia flagrauit, uix ut referri audiriue, nedum credi fas sit, quasi

92. Du grec σφίγκτῆς, qui désigne un bracelet et, par extension, les organes ayant une forme analogue. Voir Tacite, *Ann.*, VI, 1.

chez lui, à condition que rien ne serait changé ni retranché dans ses habitudes et que le repas serait servi par des jeunes filles nues. Parmi les candidats à la questure, il préféra un homme tout à fait inconnu à d'illustres personnages, parce que, dans un festin, il avait bu, sur son défi, une amphore de vin. Asellius Sabinus reçut de lui deux cent mille sesterces pour un dialogue, où le cèpe, le bec-figue, l'huître et la grive se disputaient la palme. Enfin, il institua une nouvelle charge, « l'intendance des plaisirs », à laquelle fut préposé le chevalier romain T. Caesonius Priscus.

XLIII. Dans sa retraite de Capri, il imagina même d'installer un local garni de bancs pour des obscénités secrètes ; là, des troupes de jeunes filles et de jeunes débauchés rassemblés de toutes parts et ces inventeurs d'accouplements monstrueux, qu'il appelait « spintries[92] », formant une triple chaîne, se prostituaient entre eux en sa présence, pour ranimer par ce spectacle ses désirs éteints. Il orna des chambres placées en différents endroits d'images et de statuettes reproduisant les tableaux et les sculptures les plus lascives, auxquelles il joignit les livres d'Éléphantis[93], pour que chaque figurant trouvât toujours le modèle des postures qu'il ordonnait de prendre. Il eut aussi l'idée de faire disposer çà et là dans les bois et les bosquets des retraites consacrées à Vénus et placer dans les cavernes et dans les grottes des jeunes gens de l'un et de l'autre sexe qui s'offraient au plaisir en costumes de sylvains et de nymphes ; aussi désormais tout le monde l'appelait-il ouvertement « Caprineus », par un jeu de mots sur le nom de l'île[94].

XLIV. On lui prête des turpitudes encore plus infâmes, et telles qu'on ose à peine les décrire ou les entendre exposer, ni à plus forte raison y croire ; il aurait

93. Voir Martial, *Epigr.*, XII, 43, 4.

94. Caprineus a le double sens d'« homme de Capri » et de « vieux bouc ».

pueros primae teneritudinis, quos pisciculos uocabat, institueret, ut natanti sibi inter femina uersarentur ac luderent lingua morsuque sensim adpetentes ; atque etiam quasi infantes firmiores, necdum tamen lacte depulsos, inguini ceu papillae admoueret, pronior sane ad id genus libidinis et natura et aetate. [2]Quare Parrasi quoque tabulam, in qua Meleagro Atalanta ore morigeratur, legatam sibi sub condicione, ut si argumento offenderetur decies pro ea sestertium acciperet, non modo praetulit, sed et in cubiculo dedicauit. [3]Fertur etiam in sacrificando quondam captus facie ministri acerram praeferentis nequisse abstinere, quin paene uixdum re diuina peracta ibidem statim seductum constupraret simulque fratrem eius tibicinem ; atque utrique mox, quod mutuo flagitium exprobrarant, crura fregisse.

XLV. [1]Feminarum quoque, et quidem illustrium, capitibus quanto opere solitus sit inludere, euidentissime apparuit Malloniae cujusdam exitu, quam perductam nec quicquam amplius pati constantissime recusantem delatoribus obiecit ac ne ream quidem interpellare desiit, ecquid paeniteret, donec ea relicto iudicio domum se abripuit ferroque transegit, obscaenitate oris hirsuto atque olido seni clare exprobrata.

95. Parrahasios d'Éphèse (vers 420-370). Voir aussi Pline, *H. N.*, XXXV, 72

habitué des enfants de l'âge le plus tendre, qu'il appelait ses « petits poissons », à se tenir et à jouer entre ses cuisses, pendant qu'il nageait, pour l'exciter peu à peu de leur langue et de leurs morsures ; on dit même qu'en guise de sein il donnait à téter ses parties naturelles à des enfants déjà passablement vigoureux, mais non encore sevrés : c'était assurément à ce genre de jouissance que son goût et son âge le portaient le plus. Aussi, un tableau de Parrasius[95], où l'on voyait Atalante ayant pour Méléagre une honteuse complaisance[96], lui ayant été légué sous réserve qu'il recevrait en échange un million de sesterces, si le sujet lui paraissait choquant, non seulement il préféra le tableau, mais il le plaça dans sa chambre à coucher. On rapporte même qu'un jour, pendant qu'il sacrifiait, séduit par la beauté du servant qui lui présentait le coffret à encens, il ne put se maîtriser, et, sans presque attendre la fin de la cérémonie, l'entraîna aussitôt à l'écart, sur le lieu même, pour abuser de lui, ainsi que de son frère, joueur de flûte ; on ajoute que plus tard il leur fit briser les jambes à tous deux, parce qu'ils s'étaient mutuellement reproché leur déshonneur.

XLV. Il ne se gêna pas non plus pour jouer avec la vie des femmes, même de noble condition, comme on put s'en convaincre par la mort d'une certaine Mallonia, qu'il avait séduite, mais qui refusait obstinément de se prêter à ses honteux caprices : il lui suscita des délateurs et, même en pleine accusation, ne cessa pas de lui demander si elle éprouvait du repentir ; à la fin, quittant le tribunal, elle se sauva chez elle et se transperça d'un poignard, après avoir flétri à haute voix le vice infâme de ce vieillard ignoble et répugnant. Aussi, pour les jeux

96. Atalante, la vierge légendaire, avait cédé à la passion de maints amants au point que la Mère des Dieux finit par la changer en lion. Sur ce thème iconographique, voir A. Reinach, *La Peinture ancienne*, 1985, p. 236 *sq.*

[2]Vnde mora in Atellanico exhodio proximis ludis adsensu maximo excepta percrebruit : « hircum uetulum capreis naturam ligurire. »

XLVI. | Pecuniae parcus ac tenax comites peregrinationum expeditionumque numquam salario, cibariis tantum sustentauit, una modo liberalitate ex indulgentia uitrici prosecutus, cum tribus classibus factis pro dignitate cuiusque, primae sescenta sestertia, secundae quadringenta distribuit, ducenta tertiae, quam non amicorum sed Graecorum appellabat.

XLVII. | [1]Princeps neque opera ulla magnifica fecit (nam et quae sola susceperat, Augusti templum restitutionemque Pompeiani theatri, imperfecta post tot annos reliquit) neque spectacula omnino edidit; et iis, quae ab aliquo ederentur, rarissime interfuit, ne quid exposceretur, utique postquam comoedum Actium coactus est manumittere. [2]Paucorum senatorum inopia sustentata, ne pluribus opem ferret, negauit se aliis subuenturum, nisi senatui iustas necessitatium causas probassent. [3]Quo pacto plerosque modestia et pudore deterruit, in quibus Hortalum, Quinti Hortensi oratoris nepotem, qui permodica re familiari auctore Augusto quattuor liberos tulerat.

XLVIII. | [1]Publice munificentiam bis omnino exhibuit, proposito milies sestertium gratuito in trienni

97. Petite pièce comique qui, sous l'Empire, se jouait après les tragédies.

qui suivirent, applaudit-on avec enthousiasme, dans une atellane[97] servant d'épilogue, ce trait qui fit fortune :

> Le vieux bouc lèche les parties naturelles des chèvres[98].

XLVI. Parcimonieux et avare[99], il ne donna jamais de traitement aux compagnons de ses voyages ou de ses expéditions, mais se contenta de subvenir à leur entretien ; une fois seulement il leur fit une libéralité, aux frais de son beau-père, et, les répartissant en trois classes, suivant le rang de chacun, il distribua six cent mille sesterces à la première, quatre cent mille à la seconde, et deux cent mille à ceux de la troisième, qu'il appelait non des amis, mais des Grecs.

XLVII. Une fois empereur, il n'édifia aucun grand monument, car il laissa inachevés après tant d'années les seuls ouvrages qu'il eût entrepris, le temple d'Auguste et la restauration du théâtre de Pompée[100], et, d'autre part, il ne donna point de spectacles ; il assista même très rarement à ceux que donnaient les autres, par crainte qu'on ne lui demandât quelque faveur, surtout depuis qu'il avait été forcé d'affranchir le comédien Actius. Ayant soulagé la misère de quelques sénateurs, il déclara, pour n'avoir pas à en secourir davantage, que les autres ne seraient assistés par lui qu'après avoir fourni au sénat la justification de leurs besoins. Dans ces conditions, la plupart se turent, par retenue et par honte, entre autres Hortalus, petit-fils de l'orateur Q. Hortensius, qui, avec une fortune tout à fait modeste et sur les exhortations d'Auguste, avait élevé quatre enfants.

XLVIII. À l'égard du peuple, il ne fit preuve de générosité que deux fois : d'abord, lorsqu'il mit à sa disposition cent millions de sesterces pour trois ans et sans

98. Ribbeck, *Com. Rom. Frag.*, p. 333.

99. Tacite, *Ann.*, I, 75, dit le contraire.

100. Monuments achevés et dédiés par Caligula en 37.

tempus et rursus quibusdam dominis insularum, quae in monte Caelio deflagrarant, pretio restituto. [2]Quorum alterum magna difficultate nummaria populo auxilium flagitante coactus est facere, cum per senatus consultum sanxisset, ut faeneratores duas patrimonii partes in solo collocarent, debitores totidem aeris alieni statim soluerent, nec res expediretur; alterum ad mitigandam temporum atrocitatem. [3]Quod tamen beneficium tanti aestimauit, ut montem Caelium appellatione mutata uocari Augustum iusserit. [4]Militi post duplicata ex Augusti testamento legata nihil umquam largitus est, praeterquam singula milia denariorum praetorianis, quod Seiano se non accommodassent, et quaedam munera Syriacis legionibus, quod solae nullam Seiani imaginem inter signa coluissent. [5]Atque etiam missiones ueteranorum rarissimas fecit, ex senio mortem, ex morte compendium captans. Ne prouincias quidem liberalitate ulla subleuauit, excepta Asia, disiectis terrae motu ciuitatibus.

XLIX. | [1]Procedente mox tempore etiam ad rapinas conuertit animum. [2]Satis constat, CN. Lentulum Augurem, cui census maximus fuerit, metu et angore ad fastidium uitae ab eo actum et ut ne quo nisi ipso herede moreretur; condemnatam et generosissimam feminam Lepidam in gratiam Quirini consularis praediuitis et orbi, qui dimissam eam e matrimonio post uicensimum annum ueneni olim in se comparati argue-

101. *Insula* (par opposition à *domus*) désigne une maison ou un groupe de maisons isolées louées à plusieurs familles.

102. En 27. Voir Tacite, *Ann.*, IV, 64.

intérêt, puis, lorsqu'il indemnisa certains propriétaires d'îlots[101] qui avaient été incendiés sur le mont Caelius[102]. La première de ces mesures lui fut imposée par la grande rareté du numéraire, qui provoqua une demande de secours de la part du peuple, car il avait ordonné par sénatus-consulte que les prêteurs placeraient en biens-fonds les deux tiers de leur patrimoine et que les débiteurs paieraient sur-le-champ les deux tiers de leurs dettes, mais cela ne résolut pas la crise[103] ; la seconde mesure tendait à remédier à l'horreur des circonstances. Cependant, il attacha un si grand prix à cette dernière générosité, qu'il fit changer le nom du mont Caelius pour l'appeler le mont Auguste. Quant aux soldats, après avoir doublé les sommes qu'Auguste leur avait léguées, il ne leur fit plus jamais de largesses, sauf un don de mille deniers à chacun des prétoriens, parce qu'ils ne s'étaient pas livrés à Séjan, et certains présents aux légions de Syrie, qui seules n'avaient pas honoré l'image de Séjan parmi leurs enseignes. Il alla jusqu'à libérer très rarement les vieux soldats, comptant que la vieillesse amènerait la mort, et que la mort lui profiterait. Il ne fit pas même la moindre libéralité aux provinces, excepté à celle d'Asie, où des villes avaient été détruites par un tremblement de terre[104].

XLIX. Avec le temps, il se tourna même vers la rapine. Voici des faits suffisamment établis. À force de craintes et d'angoisses, il amena Cn. Lentulus Augur[105], personnage des plus riches, à prendre la vie en dégoût et à lui laisser après sa mort tout son héritage ; il fit aussi condamner Lepida, femme de la plus haute naissance, pour plaire à Quirinus, consulaire puissamment riche et sans enfants, qui, vingt ans après son divorce, l'accusait d'avoir autrefois voulu l'empoisonner ; en outre, dans

103. Voir Tacite, *Ann.*, VI, 16 et 17.
104. Voir Tacite, *Ann.*, II, 47.
105. Consul en 18 av. J.-C.

bat; praeterea Galliarum et Hispaniarum Syriaeque et Graeciae principes confiscatos ob tam leue ac tam inpudens calumniarum genus, ut quibusdam non aliud sit obiectum, quam quod partem rei familiaris in pecunia haberent; plurimis etiam ciuitatibus et priuatis ueteres immunitates et ius metallorum ac uectigalium adempta; sed et Vononem regem Parthorum, qui pulsus a suis quasi in fidem P. R. cum ingenti gaza Antiochiam se receperat, spoliatum perfidia et occisum.

L. | [1]Odium aduersus necessitudines in Druso primum fratre detexit, prodita eius epistula, qua secum de cogendo ad restituendam libertatem Augusto agebat; deinde et in reliquis. [2]Iuliae uxori tantum afuit ut relegatae, quod minimum est, officii aut humanitatis aliquid impertiret, ut ex constitutione patris uno oppido clausam domo quoque egredi et commercio hominum frui uetuerit; sed et peculio concesso a patre praebitisque annuis fraudauit, per speciem publici iuris, quod nihil de his Augustus testamento cauisset. [3]Matrem Liuiam grauatus uelut partes sibi aequas potentiae uindicantem, et congressum eius assiduum uitauit et longiores secretioresque sermones, ne consiliis, quibus tamen interdum et egere et uti solebat, regi uideretur. [4]Tulit etiam perindigne actum in senatu, ut titulis suis quasi Augusti, ita et « Liuiae filius »

les Gaules, dans les Espagnes, en Syrie et en Grèce, de grands personnages se virent confisquer leurs biens sur les accusations les plus impudentes et les plus futiles : par exemple, le seul crime reproché à certains d'entre eux fut qu'ils gardaient en argent une partie de leur avoir ; on retira même à un très grand nombre de villes et de particuliers leurs anciennes franchises, le droit d'exploiter leurs mines et d'utiliser librement leurs revenus ; mieux encore, Vononès, le roi des Parthes[106], qui, chassé par son peuple, s'était réfugié à Antioche avec ses immenses richesses, comme sous la protection du peuple romain, fut, contre le droit des gens, dépouillé et mis à mort.

L. Sa haine contre ses proches se manifesta d'abord à l'égard de son frère Drusus, dont il divulgua une lettre, où celui-ci lui parlait de contraindre Auguste à rétablir la liberté, puis aussi à l'égard des autres. Bien loin d'adoucir l'exil de sa femme Julie par quelque égard ou quelque bonté, ce qui est la moindre des choses, aggravant les ordres de son père, qui la tenaient enfermée dans une ville, il lui interdit en outre de quitter sa maison et de jouir du commerce des hommes ; il la frustra même du pécule que son père lui avait concédé et de la rente qu'il lui servait, sous prétexte qu'elle retombait sous le droit commun, parce qu'Auguste n'avait pris aucune disposition à cet égard dans son testament. Las de sa mère Livie, qu'il accusait de vouloir partager l'empire avec lui, il évita de la rencontrer sans cesse et d'avoir avec elle des conversations trop longues ou trop intimes, pour ne point paraître se régler sur ses conseils, auxquels cependant il avait recours et se prêtait quelquefois. Il fut même indigné qu'il eût été question au sénat d'ajouter à ses titres celui de « fils de Livie », par analogie avec

106. Vononès Ier, roi des Parthes entre 7 et 12 ap. J.-C. Tacite donne un tout autre récit de sa fin et exonère Tibère dans *Ann.*, II, 1-4, 56, 58.

adiceretur. [5]Quare non « parentem patriae » appellari, non ullum insignem honorem recipere publice passus est ; sed et frequenter admonuit, maioribus nec feminae conuenientibus negotiis abstineret, praecipue ut animaduertit incendio iuxta aedem Vestae et ipsam interuenisse populumque et milites, quo enixius opem ferrent, adhortatam, sicut sub marito solita esset.

LI. [1]Dehinc ad simultatem usque processit hac, ut ferunt, de causa. [2]Instanti saepius, ut ciuitate donatum in decurias adlegeret, negauit alia se condicione adlecturum, quam si pateretur ascribi albo « extortum id sibi a matre. » [3]At illa commota ueteres quosdam ad se Augusti codicillos de acerbitate et intolerantia morum eius e sacrario protulit atque recitauit. [4]Hos et custoditos tam diu et exprobratos tam infeste adeo grauiter tulit, ut quidam putent inter causas secessus hanc ei uel praecipuam fuisse. [5]Toto quidem triennio, quo uiuente matre afuit, semel omnino eam nec amplius quam uno die paucissimis uidit horis ; ac mox neque aegrae adesse curauit defunctamque et, dum aduentus sui spem facit, complurium dierum mora corrupto demum et tabido corpore funeratam prohibuit consecrari, quasi id ipsa mandasset. [6]Testamentum quoque eius pro irrito habuit omnisque amicitias et familia-

celui de « fils d'Auguste. » Aussi ne permit-il pas qu'elle fût appelée « mère de la patrie », ni qu'elle reçût officiellement aucun honneur extraordinaire ; il l'avertit même fréquemment de ne point se mêler des affaires importantes, qui ne convenaient pas aux femmes, surtout après avoir remarqué que, dans un incendie près du temple de Vesta, elle était intervenue en personne pour exhorter le peuple et les soldats à activer les secours, comme elle avait coutume de le faire du temps de son mari.

LI. Il en vint ensuite jusqu'à rompre avec elle et ce fut, dit-on, pour le motif suivant. Comme elle multipliait ses instances pour lui faire admettre dans les décuries (des juges) un homme qui avait reçu le droit de cité, il déclara y consentir, mais seulement à condition qu'elle accepterait de voir mentionner sur les rôles que cette faveur lui avait été arrachée par sa mère. Rendue furieuse, Livie tira de ses archives sacrées et lut à Tibère certains billets qu'Auguste lui avait adressés autrefois concernant l'humeur acariâtre et intraitable de son fils. Tibère fut tellement indigné qu'on les eût gardés si longtemps et qu'on lui en fît reproche avec tant d'aigreur, que, d'après certains, ce fut, entre toutes, la principale raison de sa retraite. En tout cas, pendant les trois années entières qu'il passa loin de Rome du vivant de sa mère[107], il ne la vit qu'une fois, un jour seulement, et pendant quelques heures à peine ; ensuite, il ne se dérangea pas pour aller la voir durant sa maladie ; lorsqu'elle fut morte, il laissa passer plusieurs jours en faisant espérer qu'il viendrait, de sorte que les funérailles eurent lieu quand le corps était déjà complètement décomposé, et il la priva de l'apothéose, en alléguant sa propre volonté. De plus, il annula son testament, puis, en peu de temps, il assura la perte de tous ses amis et familiers, même de

107. Très exactement, Tibère se retira à Capri en 27, Livie mourut en 29.

ritates, etiam quibus ea funeris sui curam moriens demandauerat, intra breue tempus afflixit, uno ex iis, equestris ordinis uiro, et in antliam condemnato.

LII. | [1]Filiorum neque naturalem Drusum neque adoptiuum Germanicum patria caritate dilexit, alterius uitiis infensus. [2]Nam Drusus fluxioris remissiorisque uitae erat. Itaque ne mortuo quidem perinde adfectus est, sed tantum non statim a funere ad negotiorum consuetudinem rediit iustitio longiore inhibito. [3]Quin et Iliensium legatis paulo serius consolantibus, quasi obliterata iam doloris memoria, irridens « se quoque » respondit « uicem eorum dolere, quod egregium ciuem Hectorem amisissent. » [4]Germanico usque adeo obtrectauit, ut et praeclara facta eius pro superuacuis eleuarit et gloriosissimas uictorias ceu damnosas rei p. increparet. [5]Quod uero Alexandream propter immensam et repentinam famem inconsulto se adisset, questus est in senatu. [6]Etiam causa mortis fuisse ei per CN. Pisonem legatum Syriae creditur, quem mox huius criminis reum putant quidam mandata prolaturum, nisi ea secreto ostentant **** quae multifariam inscriptum et per noctes celeberrime adclamatum est : « Redde Germanicum ! » [7]Quam suspicionem confirmauit ipse postea coniuge etiam ac liberis Germanici crudelem in modum afflictis.

108. Voir chap. 62.
109. En Germanie et en Orient.
110. En 19.

ceux à qui elle avait confié en mourant le soin de ses funérailles : l'un d'entre eux, un personnage de l'ordre équestre, fut même condamné aux travaux des pompes.

LII. Il n'eut de tendresse paternelle ni pour son vrai fils, Drusus, ni pour son fils adoptif, Germanicus ; le premier, il le haïssait pour ses vices, car il avait une conduite trop molle et trop relâchée. Aussi, même sa mort ne l'affecta pas autrement et presque aussitôt après les funérailles il rétablit le cours normal des affaires, en interdisant de prolonger le deuil[108]. Bien mieux, des ambassadeurs troyens lui adressant des condoléances un peu tardives, il leur répondit en se moquant d'eux, comme s'il avait déjà complètement oublié sa douleur, « qu'il les plaignait également d'avoir perdu Hector, leur glorieux concitoyen ». À l'égard de Germanicus, il poussa le dénigrement si loin, qu'il traita d'inutiles ses brillants exploits, afin de les déprécier, et condamna, comme funestes à l'empire, ses plus glorieuses victoires[109]. De plus, comme Germanicus s'était rendu à Alexandrie[110], sans l'avoir consulté, à l'occasion d'une famine terrible et soudaine, il s'en plaignit au sénat. On croit même qu'il lui fit donner la mort par Cn. Pison, légat de Syrie, et certains pensent que ce personnage, accusé plus tard de ce crime, aurait divulgué ses instructions[111]. On inscrivit en maints endroits et pendant des nuits on entendit crier par des voix nombreuses : « Rends-nous Germanicus[112] ! » D'ailleurs, Tibère lui-même confirma plus tard ce soupçon, en s'acharnant encore avec cruauté contre la femme et les enfants de Germanicus.

111. Sur le procès de Pison, voir Tacite, *Ann.*, III, 7-18.

112. Voir *Cal.*, 6.

113. Fragment d'une comédie attique ; Kock, *Com. attic. frag.*, III, p. 449, n. 212. Voir aussi Tacite, *Ann.*, IV, 52.

LIII. | [1]Nurum Agrippinam post mariti mortem liberius quiddam questam manu apprehendit Graecoque uersu : « Si non dominaris », inquit, « filiola, iniuriam te accipere existimas ? » nec ullo mox sermone dignatus est. [2]Quondam uero inter caenam porrecta a se poma gustare non ausam etiam uocare desiit, simulans ueneni se crimine accersi, cum praestructum utrumque consulto esset, ut et ipse temptandi gratia offerret et illa quasi certissimum exitium caueret. [3]Nouissime calumniatus modo ad statuam Augusti modo ad exercitus confugere uelle, Pandatariam relegauit conuicianti que oculum per centurionem uerberibus excussit. [4]Rursus mori inedia destinanti per uim ore diducto infulciri cibum iussit. [5]Sed et perseuerantem atque ita absumptam criminosissime insectatus, cum diem quoque natalem eius inter nefastos referendum suasisset, imputauit etiam, quod non laqueo strangulatam in Gemonias abiecerit, proque tali clementia interponi decretum passus est, quo sibi gratiae agerentur et Capitolino Ioui donum ex auro sacraretur.

LIV. | [1]Cum ex Germanico tres nepotes, Neronem et Drusum et Gaium, ex Druso unum Tiberium haberet, destitutus morte liberorum maximos natu de Germanici filiis, Neronem et Drusum, patribus conscriptis commendauit diemque utriusque tirocinii congiario

114. Par Séjan ; voir Tacite, *Ann.*, IV, 54.

LIII. Sa belle-fille Agrippine lui ayant, après son veuvage, adressé certaines plaintes trop vives, il lui prit la main et lui répondit par ce vers grec :

Si vous ne dominez, ma chère fille, vous croyez
qu'on vous fait tort[113] ?

et désormais il ne daigna plus avoir d'entretien avec elle. Puis, comme, certain jour, à table, elle n'avait pas osé goûter des fruits qu'il lui présentait, il cessa même de lui adresser la parole, en prétextant qu'elle l'accusait de vouloir l'empoisonner ; or, toute la scène avait été arrangée d'avance[114] : il était entendu que lui-même lui ferait cette offre pour l'éprouver, mais aussi qu'elle la repousserait, bien persuadée qu'il y allait de sa vie. Enfin, l'accusant de vouloir se réfugier soit aux pieds de la statue d'Auguste, soit auprès des armées, il la relégua dans l'île de Pandatarie[115], et, comme elle l'injuriait, il la fit frapper par un centurion qui lui arracha un œil. Elle résolut alors de se laisser mourir de faim, mais il ordonna de l'alimenter en lui ouvrant la bouche de force. Lorsqu'en s'obstinant elle eut trouvé la mort, il ne cessa pas de s'acharner contre elle, mais après avoir encore demandé que l'on comptât parmi les jours néfastes celui de sa naissance, il se fit même un mérite de ne pas l'avoir fait étrangler et jeter aux Gémonies, puis il souffrit qu'en raison d'une telle clémence on rendît un décret pour lui adresser des actions de grâces et faire consacrer une offrande en or à Jupiter Capitolin.

LIV. Germanicus lui avait donné trois petits-fils, Néron, Drusus et Gaius ; Drusus, un seul, Tibère ; aussi, quand la mort l'eut privé de ses enfants, il recommanda aux sénateurs les fils aînés de Germanicus, Néron et Drusus, et célébra le jour où ils débutèrent ensemble, en

115. Actuelle Santa-Maria, petite île de la mer Tyrrénienne, à hauteur de Naples.

plebei dato celebrauit. [2]Sed ut comperit ineunte anno pro eorum quoque salute publice uota suscepta, egit cum senatu, « non debere talia praemia tribui nisi expertis et aetate prouectis. » [3]Atque ex eo patefacta interiore animi sui nota omnium criminationibus obnoxios reddidit uariaque fraude inductos, ut et concitarentur ad conuicia et concitati proderentur, accusauit per litteras amarissime congestis etiam probris et iudicatos hostis fame necauit, Neronem in insula Pontia, Drusum in ima parte Palatii. [4]Putant Neronem ad uoluntariam mortem coactum, cum ei carnifex quasi ex senatus auctoritate missus laqueos et uncos ostentaret, Druso autem adeo alimenta subducta, ut tomentum e culcita temptauerit mandere; amborum sic reliquias dispersas, ut uix quandoque colligi possent.

LV. | [1]Super ueteres amicos ac familiares uiginti sibi e numero principum ciuitatis depoposcerat uelut consiliarios in negotiis publicis. [2]Horum omnium uix duos anne tres incolumis praestitit, ceteros alium alia de causa perculit, inter quos cum plurimorum clade Aelium Seianum; quem ad summam potentiam non tam beniuolentia prouexerat, quam ut esset cuius ministerio ac fraudibus liberos Germanici circumueniret, nepotemque suum ex Druso filio naturalem ad successionem imperii confirmaret.

116. En 24. Voir Tacite, *Ann.*, IV, 17.

117. Selon Tacite, *Ann.*, V, 3, cette lettre visait non pas Drusus, mais Agrippine et Néron.

faisant des largesses au peuple. Mais, quand il apprit qu'au début de l'année[116] on avait officiellement fait des vœux pour leur santé, comme pour la sienne, il déclara au sénat « que de telles récompenses devaient être accordées seulement au mérite et à l'âge ». Du moment où il eut ainsi découvert ses dispositions intimes à leur égard, ils devinrent en butte aux accusations de tous, et, quand on fut parvenu, grâce à différents pièges, à provoquer leurs outrages pour avoir à les dénoncer, il les accusa dans une lettre pleine de fiel, où même il accumulait contre eux d'infâmes imputations[117], puis, les ayant fait déclarer ennemis publics, il les laissa mourir de faim, Néron, dans l'île de Pontia[118], Drusus, dans les sous-sols du Palatium. On croit que Néron s'y résolut volontairement, parce qu'un bourreau, envoyé soi-disant par ordre du sénat, lui mit sous les yeux les lacets et les crocs, mais que Drusus fut complètement privé de nourriture, au point qu'il essaya de manger la bourre de son matelas ; (on ajoute) que les restes de l'un et de l'autre furent tellement dispersés qu'on eut plus tard grand-peine à les réunir[119].

LV. Outre ses amis et ses familiers de vieille date, Tibère s'était fait adjoindre, pour le conseiller dans le gouvernement de l'État, vingt des principaux citoyens. Parmi tous, deux ou trois à peine conservèrent la vie ; les autres furent frappés sous différents prétextes, en particulier Ælius Séjan, qu'un très grand nombre suivirent dans sa ruine. Tibère avait élevé ce personnage au comble de la puissance, moins par amitié que pour avoir un agent dont les pièges envelopperaient les fils de Germanicus et qui assurerait à son véritable petit-fils, l'enfant de Drusus, la succession à l'empire.

118. À l'ouest de l'île de Pandatarie.

119. Au début du principat de Caligula. Voir Suétone, *Cal.*, 15.

LVI. | [1]Nihilo lenior in conuictores Graeculos, quibus uel maxime adquiescebat, Xenonem quendam exquisitius sermocinantem cum interrogasset, quaenam illa tam molesta dialectos esset, et ille respondisset Doridem, relegauit Cinariam, existimans exprobratum sibi ueterem secessum, quod Dorice Rhodii loquantur. [2]Item cum soleret ex lectione cotidiana quaestiones super cenam proponere comperissetque Seleucum grammaticum a ministris suis perquirere, quos quoque tempore tractaret auctores, atque ita praeparatum uenire, primum a contubernio remouit, deinde etiam ad mortem compulit.

LVII. | [1]Saeua ac lenta natura ne in puero quidem latuit; quam Theodorus *G*adareus rhetoricae praeceptor et perspexisse primus sagaciter et assimulasse aptissime uisus est, subinde in obiurgando appellans eum « πηλὸν αἵματι πεφυραμένον », [id est lutum a sanguine maceratum]. [2]Sed aliquanto magis in principe eluxit, etiam inter initia cum adhuc fauorem hominum moderationis simulatione captaret. [3]Scurram, qui praetereunte funere clare mortuo mandarat, ut nuntiaret Augusto « nondum reddi legata quae plebei reliquisset », adtractum ad se recipere debitum ducique ad supplicium imperauit et patri suo uerum referre. [4]Nec multo post in senatu Pompeio cuidam equiti R. quiddam pernegenti, dum uincula minatur, affirmauit « fore ut ex Pompeio Pompeianus fieret », acerba

120. Voir Thucydide, VII, 57.
121. Dans les îles Sporades.
122. Grec d'Alexandrie, surnommé l'Homérique.

LVI. Il ne fut nullement plus doux à l'égard de ses commensaux grecs, dont la société lui était agréable entre toutes. Entendant un certain Xénon causer avec trop de recherche, il lui demanda quel pouvait bien être ce dialecte si désagréable, et, celui-ci lui ayant répondu que c'était le dorien[120], il le fit reléguer à Cinaria[121], croyant qu'il lui reprochait son ancien exil à Rhodes, où l'on parle dorien. De même, ayant appris que le grammairien Seleucus[122], habitué à lui voir poser à table des questions suggérées par ses lectures quotidiennes[123], demandait à ses esclaves quels auteurs il avait entre les mains chaque jour, et se trouvait ainsi préparé à lui répondre, il le chassa d'abord de son entourage, puis le contraignit même au suicide.

LVII. Sa nature cruelle et sans pitié se révéla dès son enfance. Théodore de Gadare[124], son professeur de rhétorique, paraît l'avoir pénétrée le premier avec clairvoyance, et définie très exactement par une image, car, lorsqu'il le grondait, il l'appelait souvent « πηλὸν αἵματι πεφυραμένον », [c'est-à-dire « boue pétrie de sang »]. Mais elle se manifesta bien plus clairement chez l'empereur, même dans ses débuts, au temps où il cherchait encore à gagner la faveur publique par une feinte modération. Sur le passage d'un cortège funèbre, un plaisant avait à haute voix chargé le défunt d'annoncer à Auguste que l'on n'avait pas encore payé les sommes léguées par lui à la plèbe[125] ; Tibère se le fit amener, régla sa dette, puis l'envoya au supplice en lui recommandant d'aller dire la vérité à son père. Peu de temps après, au sénat, comme un chevalier romain, nommé Pompée, s'obstinait dans son opposition, il déclara, en menaçant de l'emprisonner, « que de Pompée il ferait un Pompéien » : plaisanterie cruelle portant à la fois sur le

123. *Cf. infra*, chap. 70.
124. Voir Quintilien, *Inst. orat.*, III, 1, 17.
125. Voir Dion Cassius, LVII, 14.

cauillatione simul hominis nomen incessens ueteremque partium fortunam.

LVIII. [1]Sub idem tempus consulente praetore an iudicia maiestatis cogi iuberet, « exercendas esse leges » respondit et atrocissime exercuit. [2]Statuae quidam Augusti caput dempserat, ut alterius imponeret ; acta res in senatu et, quia ambigebatur, per tormenta quaesita est. [3]Damnato reo paulatim genus calumniae eo processit, ut haec quoque capitalia essent : circa Augusti simulacrum seruum cecidisse, uestimenta mutasse, nummo uel anulo effigiem impressam latrinae aut lupanari intulisse, dictum ullum factumue eius existimatione aliqua laesisse. [4]Perit denique et is, qui honorem in colonia sua eodem die decerni sibi passus est, quo decreti et Augusto olim erant.

LIX. | [1]Multa praeterea specie grauitatis ac morum corrigendorum, sed et magis naturae optemperans, ita saeue et atrociter factitauit, ut nonnulli uersiculis quoque et praesentia exprobrarent et futura denuntiarent mala :

Asper et immitis, breuiter uis omnia dicam ?
Dispeream, si te mater amare potest.

[2]Non es eques ; quare ? non sunt tibi milia centum ;
Omnia si quaeras, et Rhodus exilium est.

126. Selon Tacite, *Ann.*, I, 72, Tibère fit cette réponse au préteur Pompeius Macer.

nom du personnage et sur le sort qu'avait eu autrefois ce parti.

LVIII. Vers le même temps, comme un préteur lui demandait s'il voulait faire poursuivre les crimes de lèse-majesté, il répondit « qu'il fallait appliquer les lois[126] », et il les appliqua de la manière la plus atroce. Quelqu'un avait enlevé la tête d'une statue d'Auguste pour lui en substituer une autre ; l'affaire fut débattue au sénat, et, comme il y avait doute, on eut recours à la torture[127]. L'inculpé ayant été condamné, ce genre d'accusation fut insensiblement porté si loin qu'on fit un crime capital même d'avoir battu un esclave ou changé de vêtements près d'une statue d'Auguste, d'avoir été aux latrines ou dans un lieu de débauche avec une pièce de monnaie ou une bague portant son effigie, d'avoir critiqué l'une de ses paroles ou de ses actions. Enfin, on alla jusqu'à faire périr un citoyen qui s'était laissé investir d'une magistrature dans sa colonie, le même jour où l'on avait autrefois décerné des charges à Auguste.

LIX. Soi-disant par sévérité et pour corriger les mœurs, mais plutôt pour obéir à sa nature, il commit encore une foule d'actions si cruelles et si atroces, que certains, même par les vers suivants, lui reprochèrent les maux de l'heure présente et firent prévoir ceux de l'avenir :

Brute impitoyable, veux-tu que je te dise tout en
quelques mots ?
que je meure, si tu peux être aimé de ta mère.

Tu n'es pas chevalier ; pourquoi ? tu n'as pas
cent mille sesterces
si tu veux tout savoir, tu n'es même que l'exilé de Rhodes.

127. Sans doute Granius Marcellus, gouverneur de Bithynie ; *cf.* Tacite, *Ann.*, I, 74.

Aurea mutasti Saturni saecula, Caesar :
Incolumi nam te ferrea semper erunt.

Fastidit uinum, quia iam sitit iste cruorem :
Tam bibit hunc auide, quam bibit ante merum.

3 Aspice felicem sibi, non tibi, Romule, Sullam,
Et Marium, si uis, aspice, sed reducem,
Nec non Antoni ciuilia bella mouentis
Non semel infectas aspice caede manus,
Et dic : Roma perit ! regnauit sanguine multo,
Ad regnum quisquis uenit ab exilio.

4 Quae primo, quasi ab impatientibus remediorum ac non tam ex animi sententia quam bile et stomacho fingerentur, uolebat accipi dicebatque identidem : « Oderint, dum probent. » Dein uera plane certaque esse ipse fecit fidem.

LX. | 1 In paucis diebus quam Capreas attigit piscatori, qui sibi secretum agenti grandem mullum inopinanter obtulerat, perfricari eodem pisce faciem iussit, territus quod is a tergo insulae per aspera et deuia erepsisset ad se ; gratulanti autem inter poenam, quod non et lucustam, quam praegrandem ceperat, obtulisset, lucusta quoque lacerari os imperauit. 2 Militem

128. Voir chap. 42.

César, tu as mis fin à l'âge d'or de Saturne :
toi vivant, ce sera toujours l'âge de fer.

Le vin lui répugne : c'est de sang qu'il a soif maintenant :
il se gorge de sang, comme autrefois de vin pur[128] !

Romulus, considère l'heureux Sylla, heureux[129],
mais pour ton malheur, considère encore, si tu le veux,
Marius, mais à son retour,
Considère aussi Antoine, déchaînant les guerres civiles.
vois ses mains plus d'une fois souillées de crimes,
Et dis-toi : c'en est fait de Rome ! ils ont versé des flots de sang,
tous les maîtres qui nous sont venus d'exil.

D'abord, Tibère voulait qu'on regardât ces épigrammes comme l'œuvre de gens contrariés par ses réformes, qui exprimaient leur aigreur et leur colère, plutôt que leur véritable pensée, et il répétait souvent : « Qu'ils me haïssent, pourvu qu'ils m'approuvent[130] ! » Mais ensuite, il démontra lui-même qu'elles étaient de tout point justifiées.

LX. Quelques jours après son arrivée à Capri, il se livrait à la solitude, quand un pêcheur surgissant à l'improviste lui offrit un énorme surmulet : terrifié de voir que cet homme s'était glissé jusqu'à lui en escaladant, sur les derrières de l'île, des rochers presque inaccessibles, il lui fit labourer la face avec ce poisson ; puis, comme le pêcheur se félicitait, pendant le supplice, de ne pas lui avoir offert en même temps une très grosse langouste qu'il avait prise, Tibère lui fit encore déchirer

129. Jeu de mots sur le nom de Sylla, L. Sulla Felix, suivi d'une allusion aux proscriptions décidées par lui, en 82-81 av. J.-C., et par Marius à son retour d'Afrique, en 87.

130. Tibère modifie un vers de tragédie cher à Caligula (voir *Cal.*, 30).

praetorianum ob subreptum e uiridiario pauonem capite puniit. [3]In quodam itinere lectica, qua uehebatur, uepribus impedita, exploratorem uiae, primarum cohortium centurionem, stratum humi paene ad necem uerberauit.

LXI. [1]Mox in omne genus crudelitatis erupit, numquam deficiente materia, cum primo matris, deinde nepotum et nurus, postremo Seiani familiares atque etiam notos persequeretur ; post cuius interitum uel saeuissimus extitit. [2]Quo maxime apparuit, non tam ipsum ab Seiano concitari solitum, quam Seianum quaerenti occasiones sumministrasse ; etsi commentario, quem de uita sua summatim breuiterque composuit, ausus est scribere « Seianum se punisse, quod comperisset furere aduersus liberos Germanici filii sui » ; quorum ipse alterum suspecto iam, alterum oppresso demum Seiano interemit. | [3]Singillatim crudeliter facta eius exequi longum est ; genera, uelut exemplaria saeuitiae, enumerare sat erit. [4]Nullus a poena hominum cessauit dies, ne religiosus quidem ac sacer ; animaduersum in quosdam ineunte anno nouo. [5]Accusati damnatique multi cum liberis atque etiam a liberis suis. [6]Interdictum ne capite damnatos propinqui lugerent. [7]Decreta accusatoribus praecipua praemia, nonnumquam et testibus. [8]Nemini delatorum fides abrogata. [9]Omne crimen pro capitali receptum, etiam paucorum simpliciumque uerborum. [10]Obiectum

131. Séjan trouva la mort en 31, un an après Néron, et Drusus mourut en 33.

le visage avec sa langouste. Il punit de mort un soldat prétorien qui avait volé un paon dans un verger. Au cours d'un voyage, comme sa litière s'était embarrassée dans des buissons, il terrassa l'officier chargé de reconnaître la route, un centurion des premières cohortes, et faillit le faire mourir sous ses coups.

LXI. Par la suite, il fit éclater sa cruauté sous toutes ses formes et, ne la laissant jamais sans objet, il poursuivit les familiers ou même les simples connaissances de sa mère, d'abord, puis de ses petits-fils et de sa bru, enfin de Séjan ; mais c'est après la mort de ce dernier que sa barbarie fut à son comble. Ce fut la preuve manifeste que le rôle de Séjan était moins de l'exciter que de lui fournir les occasions qu'il recherchait ; pourtant, dans un mémoire où il résumait sa vie à grands traits, il osa écrire « qu'il avait puni Séjan, parce qu'il avait découvert sa haine forcenée contre les enfants de son fils Germanicus » ; or, c'est lui-même qui les fit tuer, le premier, alors que Séjan lui était déjà suspect, et le second, seulement après la ruine de ce favori[131]. Il serait trop long de descendre dans le détail de ses cruautés ; je me contenterai d'énumérer, à titre d'exemples, les formes diverses de sa barbarie. Il n'y eut pas de jour, même réservé par la religion, où l'on fit trêve aux supplices ; certaines exécutions eurent lieu le premier jour de l'année. Bien des gens furent accusés et condamnés avec leurs enfants, et même par leurs enfants. On interdit le deuil aux parents des condamnés à mort. Les plus grandes récompenses furent décernées aux accusateurs, quelquefois même aux témoins[132]. On ne refusa de croire aucun délateur. Toute accusation devint capitale, s'agît-il même simplement de quelques mots. On accusa un poète d'avoir, dans une tragédie,

132. En vertu de la loi de lèse-majesté ; voir Dion Cassius, LVII, 19.

est poetae, quod in tragoedia Agamemnonem probris lacessisset; obiectum et historico, quod Brutum Cassiumque ultimos Romanorum dixisset; animaduersum statim in auctores scriptaque abolita, quamuis probarentur ante aliquot annos etiam Augusto audiente recitata. [11]Quibusdam custodiae traditis non modo studendi solacium ademptum, sed etiam sermonis et conloqui usus. [12]Citati ad causam dicendam partim se domi uulnerauerunt certi damnationis et ad uexationem ignominiamque uitandam, partim in media curia uenenum hauserunt; et tamen conligatis uulneribus ac semianimes palpitantesque adhuc in carcerem rapti. [13]Nemo punitorum non in Gemonias abiectus uncoque tractus, uiginti uno die abiecti tractique, inter eos feminae et pueri. [14]Immaturae puellae, quia more tradito nefas esset uirgines strangulari, uitiatae prius a carnifice, dein strangulatae. [15]Mori uolentibus uis adhibita uiuendi. Nam mortem adeo leue supplicium putabat, ut cum audisset unum e reis, Carnulum nomine, anticipasse eam, exclamauerit : « Carnulus me euasit. » [16]Et in recognoscendis custodiis precanti cuidam poenae maturitatem respondit : « Nondum tecum in gratiam redii. » [17]Annalibus suis uir consularis inseruit, frequenti quodam conuiuio, cui et ipse affuerit, interrogatum eum subito et clare a quodam nano astante mensae inter copreas, cur Paconius maiestatis reus tam diu

133. Peut-être le Mamercus Scaurus, auteur d'un *Atrée*, dont parle Tacite, *Ann.*, VI, 29, Tibère étant visé à travers Agamemnon.

134. Cremutius Cordus, né entre 35 et 25 av. J.-C. Historien des guerres civiles, hostile à Séjan. Sa condamnation, en 25 ap. J.-C., lui

accablé d'injures Agamemnon[133] ; on accusa également un historien[134] d'avoir appelé Brutus et Cassius les derniers des Romains ; on exécuta immédiatement ces écrivains et leurs ouvrages furent détruits, quoiqu'il fût prouvé que, nombre d'années auparavant, ils avaient été lus en public, et cela en présence d'Auguste. Certains prisonniers furent privés, non seulement des consolations de l'étude, mais encore de tout entretien et de toute visite. Des accusés, cités à comparaître pour se défendre, sachant bien qu'ils seraient condamnés, et voulant se dérober aux tortures et au déshonneur, se frappèrent chez eux ou burent du poison en pleine curie ; mais on banda leurs blessures et l'on traîna en prison ces mourants qui palpitaient encore. Tous les suppliciés furent jetés aux Gémonies et traînés avec un croc : vingt en un seul jour furent traités de la sorte, et parmi eux des femmes et des enfants. Comme l'usage interdisait d'étrangler les vierges, de toutes jeunes filles furent violées par le bourreau, avant d'être étranglées[135]. On forçait à vivre ceux qui voulaient mourir, car Tibère considérait la mort comme une peine si légère, qu'en apprenant le suicide d'un accusé, nommé Carnulus, il s'écria : « Carnulus m'a échappé. » De même, un jour qu'il visitait les prisons, il répondit à un condamné qui le priait de hâter son supplice : « Je ne suis pas encore réconcilié avec toi. » Un consulaire a mentionné dans ses annales que, durant un grand festin, auquel il assistait lui-même, un nain, placé à côté de la table parmi d'autres bouffons, ayant tout à coup, à haute voix, demandé à l'empereur pourquoi Paconius[136], accusé de

valut de voir son livre brûlé, puis réédité sous Caligula. Voir Tacite, *Ann.*, IV, 34-35.

135. Ainsi advint-il de la fille de Séjan selon Tacite, *Ann.*, V, 9.

136. Légat de C. Silanus, proconsul d'Asie, dont il fut l'accusateur en 21, avant d'être accusé à son tour, puis exécuté après un long délai. Voir Tacite, *Ann.*, III, 67.

uiueret, statim quidem petulantiam linguae obiurgasse, ceterum post paucos dies scripsisse senatui, ut de poena Paconi quam primum statueret.

LXII. | [1]Auxit intenditque saeuitiam exacerbatus indicio de morte filii sui Drusi. [2]Quem cum morbo et intemperantia perisse existimaret, ut tandem ueneno interemptum fraude Liuillae uxoris atque Seiani cognouit, neque tormentis neque supplicio cuiusquam pepercit, soli huic cognitioni adeo per totos dies deditus et intentus, ut Rhodiensem hospitem, quem familiaribus litteris Romam euocarat, aduenisse sibi nuntiatum torqueri sine mora iusserit, quasi aliquis ex necessariis quaestioni adesset, deinde errore detecto et occidi, ne uulgaret iniuriam. [3]Carnificinae eius ostenditur locus Capreis, unde damnatos post longa et exquisita tormenta praecipitari coram se in mare iubebat, excipiente classiariorum manu et contis atque remis elidente cadauera, ne cui residui spiritus quicquam inesset. [4]Excogitauerat autem inter genera cruciatus etiam, ut larga meri potione per fallaciam oneratos, repente ueretris deligatis, fidicularum simul urinaeque tormento distenderet. [5]Quod nisi cum et mors praeuenisset et Thrasyllus consulto, ut aiunt, differre quaedam spe longioris uitae compulisset, plures aliquanto necaturus ac ne reliquis quidem nepotibus parsurus creditur, cum et Gaium suspectum haberet et Tiberium

lèse-majesté, vivait si longtemps, sur le moment Tibère lui reprocha l'intempérance de sa langue, mais, quelques jours après, écrivit au sénat de statuer au plus tôt sur le châtiment de Paconius.

LXII. Une dénonciation relative à la mort de son fils Drusus exaspéra sa férocité, qui s'accrut encore et redoubla. Il croyait, en effet, que Drusus était mort d'intempérance et de maladie, mais lorsqu'il apprit enfin qu'il avait été empoisonné à la suite d'une entente criminelle entre sa femme Livilla et Séjan[137], les tortures et les supplices ne furent épargnés à personne ; l'instruction de cette unique affaire l'absorba si complètement pendant des jours entiers, qu'il ordonna de torturer sur-le-champ, comme s'il se fût agi d'un témoin indispensable à l'enquête, l'un de ses hôtes rhodiens, qu'il avait appelé à Rome par une lettre amicale, et dont on lui annonçait l'arrivée ; ensuite, quand il eut découvert son erreur, il le fit même mettre à mort, afin qu'il ne pût ébruiter l'aventure. On montre à Capri le lieu des exécutions, d'où les condamnés, après de longues et savantes tortures, étaient, par ses ordres, précipités à la mer sous ses yeux ; en bas les attendait une troupe de marins qui broyaient leurs corps à coups de rames et de gaffes, jusqu'à ce qu'il ne leur restât plus un souffle de vie. Il avait même imaginé, entre autres genres de supplices, de faire boire à ses victimes, sous un prétexte trompeur, une quantité considérable de vin, puis de leur faire lier aussitôt la verge, pour qu'ils fussent déchirés à la fois par ces liens et par le besoin d'uriner. On croit que, s'il n'avait pas été prévenu par la mort et si Thrasylle ne l'avait pas décidé à remettre certaines exécutions, en lui promettant exprès, dit-on, une vie plus longue, il eût fait un bien plus grand nombre de victimes et n'aurait même pas épargné ses derniers petits-fils, car Gaius[138] lui était

137. Voir Tacite, *Ann.*, IV, 8.
138. Le futur Caligula.

ut ex adulterio conceptum aspernaretur. [6]Nec abhorret a uero; namque identidem « felicem Priamum » uocabat, « quod superstes omnium suorum extitisset. »

LXIII. | [1]Quam inter haec non modo inuisus ac detestabilis, sed praetrepidus quoque atque etiam contumeliis obnoxius uixerit, multa indicia sunt. [2]Haruspices secreto ac sine testibus consuli uetuit. Vicina uero urbi oracula etiam dissicere conatus est, sed maiestate Praenestinarum sortium territus destitit, cum obsignatas deuectasque Romam non repperisset in arca nisi relata rursus ad templum. [3]Vnum et alterum consulares oblatis prouinciis non ausus a se dimittere usque eo detinuit, donec successores post aliquot annos praesentibus daret, cum interim manente officii titulo etiam delegaret plurima assidue, quae illi per legatos et adiutores suos exequenda curarent.

LXIV. Nurum ac nepotes numquam aliter post damnationem quam catenatos obsutaque lectica loco mouit, prohibitis per militem obuiis ac uiatoribus respicere usquam uel consistere.

LXV. | [1]Seianum res nouas molientem, quamuis iam et natalem eius publice celebrari et imagines aureas coli passim uideret, uix tandem et astu magis ac dolo quam principali auctoritate subuertit. [2]Nam primo, ut a se per speciem honoris dimitteret, collegam sibi adsumpsit in quinto consulatu, quem longo interuallo absens ob id ipsum susceperat. [3]Deinde spe affinitatis

suspect et il méprisait Tibère comme un enfant adultérin. Or, cela n'est pas invraisemblable, car souvent il célébrait « le bonheur de Priam, qui avait survécu à tous les siens ».

LXIII. Au milieu de tels crimes, il vécut non seulement en proie à la haine et à l'exécration, mais encore dévoré d'inquiétude et même en butte aux outrages : nombre de faits le prouvent. Il défendit de consulter les haruspices secrètement et sans témoins. Il essaya même de disperser les oracles voisins de la ville, mais il y renonça, effrayé par la puissance des sorts de Préneste, qui, transportés à Rome dans une boîte cachetée, n'avaient pu y être découverts, tant que la boîte n'eut pas été reportée dans le temple. Par deux fois, il attribua des provinces à des consulaires, sans oser ensuite les faire partir loin de lui : il les retint jusqu'à ce qu'il leur eût donné des successeurs, bon nombre d'années après, sans qu'ils eussent quitté Rome, et, dans l'intervalle, comme ils conservaient le titre de leur charge, il allait jusqu'à leur confier régulièrement de nombreuses missions, qu'ils devaient faire exécuter par leurs lieutenants et par leurs subordonnés.

LXIV. Après la condamnation de sa bru et de ses petits-fils, jamais il ne les fit voyager autrement qu'enchaînés et dans une litière close, avec une escorte de soldats qui, partout, défendaient aux passants et aux voyageurs de se retourner ou de s'arrêter.

LXV. Quoique Séjan préparât une révolution, que déjà Tibère vît célébrer officiellement l'anniversaire de sa naissance et vénérer un peu partout ses images en or, c'est à grand'peine qu'il se décida enfin à le renverser, et plutôt par les artifices de la ruse qu'avec l'autorité d'un prince. Tout d'abord, en effet, pour l'éloigner de lui sous un prétexte honorable, il le prit comme collègue dans son cinquième consulat, qu'il s'était fait donner précisément dans ce but, après un long intervalle, sans être à Rome. Ensuite, après l'avoir leurré par l'espoir

ac tribuniciae potestatis deceptum inopinantem criminatus est pudenda miserandaque oratione, cum inter alia patres conscriptos precaretur, mitterent alterum e consulibus, qui se senem et solum in conspectum eorum cum aliquo militari praesidio perduceret. [4]Sic quoque diffidens tumultumque metuens Drusum nepotem, quem uinculis adhuc Romae continebat, solui, si res posceret, *et* ducem constitui praeceperat. [5]Aptatis etiam nauibus ad quascumque legiones meditabatur fugam, speculabundus ex altissima rupe identidem signa, quae, ne nuntii morarentur, tolli procul, ut quidque factum foret, mandauerat. [6]Verum et oppressa coniuratione Seiani nihilo securior aut constantior per nouem proximos menses non egressus est uilla, quae uocatur Ionis.

LXVI. | [1]Vrebant insuper anxiam mentem uaria undique conuicia, nullo non damnatorum omne probri genus coram uel per libellos in orchestra positos ingerente. [2]Quibus quidem diuersissime adficiebatur, modo ut prae pudore ignota et celata cuncta cuperet, nonnumquam eadem contemneret et proferret ultro atque uulgaret. [3]Quin et Artabani Parthorum regis laceratus est litteris parricidia et caedes et ignauiam et luxuriam obicientis monentisque, ut uoluntaria morte maximo iustissimoque ciuium odio quam primum satis faceret.

139. Voir Tacite, *Ann.*, V, 6 et VI, 8. Il avait fiancé Drusus, le fils de Claude, à la fille de Séjan et avait promis à Séjan de lui donner en mariage Julie, la fille de son fils Drusus.

d'une alliance[139] et de la puissance tribunicienne, à l'improviste il l'accusa dans une honteuse et pitoyable missive, où, entre autres prières, il demandait aux sénateurs de lui envoyer l'un des consuls pour conduire devant eux, avec une escorte de soldats, un vieillard abandonné. Toujours inquiet, malgré cela, et redoutant des troubles, il avait donné l'ordre de délivrer, en cas de besoin, son petit-fils Drusus, qu'il gardait alors en prison à Rome, et de le mettre à la tête des affaires. Il tenait même des vaisseaux tout prêts, dans l'intention de se réfugier auprès de telles ou telles légions, et, du haut d'un rocher très élevé, il épiait sans cesse les signaux qu'il avait ordonné de dresser au loin, pour savoir sans aucun retard tout ce qui se passerait. Même lorsqu'on eut étouffé la conjuration de Séjan, il ne fut nullement plus rassuré ni plus calme et, pendant les neuf mois qui suivirent, il ne sortit pas de la maison qui est appelée « villa d'Ion ».

LXVI. Par surcroît, des avanies diverses venues de toutes parts ulcéraient son âme inquiète, car il n'était pas de condamné qui ne lui prodiguât toutes sortes d'injures, soit directement, soit par des libelles déposés dans l'orchestre[140]. Il en était très diversement affecté : tantôt, par un sentiment de honte, il désirait que tous ces outrages fussent inconnus et cachés, parfois, au contraire, affectant de les mépriser, il les répétait lui-même et les rendait publics. Même Artaban, le roi des Parthes[141], le déchira dans une lettre où il lui reprochait ses parricides, ses meurtres, sa lâcheté et ses débauches, en l'engageant à satisfaire au plus tôt, par une mort volontaire, la haine implacable et parfaitement justifiée de ses concitoyens.

140. Sur les bancs des sénateurs.

141. Artaban III (ou Ardewan), qui aurait pris le pouvoir par les armes vers 11-12 ap. J.-C. Chassé de son royaume en 35-36, il y reviendra sous Caligula.

LXVII. [1]Postremo semet ipse pertaesus, tali epistulae principio tantum non summam malorum suorum professus est : « Quid scribam uobis, P. C., aut quo modo scribam, aut quid omnino non scribam hoc tempore, dii me deaeque peius perdant quam cotidie perire sentio, si scio. » | [2]Existimant quidam praescisse haec cum peritia futurorum ac multo ante, quanta se quandoque acerbitas et infamia maneret, prospexisse ; ideoque, ut imperium inierit, et « patris patriae » appellationem et ne in acta sua iuraretur obstinatissime recusasse, ne mox maiore dedecore impar tantis honoribus inueniretur. [3]Quod sane ex oratione eius, quam de utraque re habuit, colligi potest ; uel cum ait : « similem se semper sui futurum nec umquam mutaturum mores suos, quam diu sanae mentis fuisset ; sed exempli causa cauendum esse, ne se senatus in acta cuiusquam obligaret, quia aliquo casu mutari posset. » [4]Et rursus : | « Si quando autem », inquit, « de moribus meis deuotoque uobis animo dubitaueritis (quod prius quam eueniat, opto ut me supremus dies huic mutatae uestrae de me opinioni eripiat), nihil honoris adiciet mihi patria appellatio, uobis autem exprobrabit aut temeritatem delati mihi eius cognominis aut inconstantiam contrarii de me iudicii. »

LXVIII. | [1]Corpore fuit amplo atque robusto, statura quae iustam excederet ; latus ab umeris et pectore, ceteris quoque membris usque ad imos pedes aequalis et congruens ; sinistra manu agiliore ac uali-

LXVII. Enfin, se prenant lui-même en dégoût, il fit presque l'aveu de tout ce qu'il souffrait, en commençant ainsi l'une de ses lettres[142] : « Que vous écrirai-je, pères conscrits ? comment vous écrirai-je ? ou que dois-je en ce moment ne pas vous écrire ? Si je le sais, que les dieux et les déesses me fassent périr plus cruellement que je ne me sens périr tous les jours ! » Certains estiment que, lisant dans l'avenir, il connut tout cela d'avance et que, depuis longtemps, il avait prévu à quelle réprobation et à quel renom affreux le sort le destinait ; (ils ajoutent) que ce fut la raison pour laquelle, au début de son principat, il refusa obstinément d'être appelé Père de la patrie et de laisser jurer sur ses actes, de peur que, plus tard, ce fût pour lui un surcroît de honte d'apparaître indigne de si grands honneurs. C'est assurément ce que l'on peut conclure du discours par lequel il répondit à cette double proposition, en particulier du passage où il dit : « qu'il restera toujours semblable à lui-même et jamais ne changera de conduite, tant que sa raison ne sera pas atteinte ; mais que, par principe, il faut éviter de lier le sénat aux actes d'un homme, quel qu'il soit, parce qu'un hasard peut le transformer » ; et de cet autre : « Mais si quelque jour vous venez à douter de mon caractère et de mon dévouement à votre égard – puissé-je être enlevé par la mort avant un tel malheur, pour ne pas voir changer votre opinion sur mon compte ! – le titre de père ne m'ajoutera aucun honneur et vous encourrez le reproche ou de m'avoir décerné ce surnom trop à la légère ou d'être inconséquents avec vous-mêmes, en me jugeant de deux façons opposées. »

LXVIII. Tibère était gros, robuste, et d'une taille dépassant la moyenne ; large d'épaules et de poitrine, il avait, de la tête aux pieds, tous les membres bien faits et heureusement proportionnés ; sa main gauche était plus

142. Voir Tacite, *Ann.*, VI, 6.

diore, articulis ita firmis, ut recens et integrum malum digito terebraret, caput pueri uel etiam adulescentis talitro uulneraret. [2]Colore erat candido, capillo pone occipitium summissiore ut ceruicem etiam obtegeret, quod gentile in illo uidebatur ; facie honesta, in qua tamen crebri et subiti tumores, cum praegrandibus oculis et qui, quod mirum esset, noctu etiam et in tenebris uiderent, sed ad breue et cum primum e somno patuissent ; deinde rursum hebescebant. [3]Incedebat ceruice rigida et obstipa, adducto fere uultu, plerumque tacitus, nullo aut rarissimo etiam cum proximis sermone eoque tardissimo, nec sine molli quadam digitorum gesticulatione. [4]Quae omnia ingrata atque arrogantiae plena et animaduertit Augustus in eo et excusare temptauit saepe apud senatum ac populum professus « naturae uitia esse, non animi. » [5]Valitudine prosperrima usus est, tempore quidem principatus paene toto prope inlaesa, quamuis a tricesimo aetatis anno arbitratu eam suo rexerit sine adiumento consilioue medicorum.

LXIX. | Circa deos ac religiones neglegentior, quippe addictus mathematicae plenusque persuasionis cuncta fato agi, tonitrua tamen praeter modum expauescebat et turbatiore caelo numquam non coronam lauream capite gestauit, quod fulmine afflari negetur id genus frondis.

souple et plus forte que l'autre ; les articulations en étaient si fermes, qu'il pouvait percer du doigt une pomme récemment cueillie et sans tare, et d'une chiquenaude blesser à la tête un enfant ou même un adolescent. Il avait le teint blanc, les cheveux plantés assez bas derrière la tête, de sorte qu'ils lui couvraient même la nuque, ce qui paraissait être chez lui un trait de famille ; un visage noble, quoique souvent parsemé tout à coup de boutons[143] ; des yeux très grands, qui, chose extraordinaire, voyaient même la nuit et dans les ténèbres, mais pour peu de temps et lorsqu'ils venaient de s'ouvrir après le sommeil ; ensuite ils perdaient ce pouvoir. Il marchait le cou raide et dressé fièrement, le visage d'ordinaire contracté, en général sans rien dire ou en n'adressant que de très rares paroles même à ceux qui l'entouraient, encore était-ce avec une extrême nonchalance, et non sans faire mouvoir négligemment ses doigts. Toutes ces habitudes déplaisantes et pleines de hauteur attirèrent l'attention d'Auguste, qui tâcha plus d'une fois de les excuser auprès du sénat et du peuple[144], en déclarant « que ces défauts venaient de la nature, mais non du cœur ». Il jouit d'une excellente santé, qui, à peu de chose près, resta parfaite presque durant tout le cours de son principat, quoique depuis l'âge de trente ans il la gouvernât lui-même à sa guise, sans recourir aux soins ni aux conseils des médecins.

LXIX. Indifférent à l'égard des dieux et de la religion, car il s'adonnait à l'astrologie et croyait fermement que tout obéit à la fatalité, il avait cependant une peur excessive des coups de tonnerre, et, lorsque le temps était orageux, il ne manqua jamais de placer sur sa tête une couronne de laurier, parce que ce genre de feuillage passe pour être à l'abri de la foudre.

143. Voir Tacite, *Ann.*, IV, 57.
144. Voir Tacite, *Ann.*, I, 10.

LXX. | [1]Artes liberales utriusque generis studiosissime coluit. In oratione Latina secutus est Coruinum Messalam, quem senem adulescens obseruarat. [2]Sed adfectatione et morositate nimia obscurabat stilum, ut aliquanto ex tempore quam a cura praestantior haberetur. [3]Composuit et carmen lyricum, cuius est titulus « Conquestio de morte L. Caesaris. » [4]Fecit et Graeca poemata imitatus Euphorionem et Rhianum et Parthenium, quibus poetis admodum delectatus scripta omnium et imagines publicis bibliothecis inter ueteres et praecipuos auctores dedicauit; et ob hoc plerique eruditorum certatim ad eum multa de his ediderunt. [5]Maxime tamen curauit notitiam historiae fabularis usque ad ineptias atque derisum; nam et grammaticos, quod genus hominum praecipue, ut diximus, appetebat, eius modi fere quaestionibus experiebatur : « quae mater Hecubae, quod Achilli nomen inter uirgines fuisset, quid Sirenes cantare sint solitae. » [6]Et quo primum die post excessum Augusti curiam intrauit, quasi pietati simul ac religioni satis facturus, Minonis exemplo ture quidem ac uino uerum sine tibicine supplicauit, ut ille olim in morte filii.

LXXI. [1]Sermone Graeco quamquam alioqui promptus et facilis, non tamen usque quaque usus est abstinuitque maxime in senatu; adeo quidem, ut « mono-

145. Descendant de l'illustre famille des Valerii, il fut un grand ami de Virgile, qu'il ne manqua pas d'encourager. Voir Quintilien, *Inst. Orat.*, X, 1, 113.

146. Voir Suétone, *Aug.*, 86.

LXX. Il cultiva les lettres grecques et latines avec une ardeur extrême. Pour l'éloquence latine, il prit comme modèle Corvinus Messalla[145], qui avait eu l'estime de sa jeunesse, alors qu'il était déjà vieux. Mais à force d'affectation et de purisme il obscurcissait son style[146], de sorte que ses improvisations étaient jugées bien supérieures à ses discours préparés. Il composa même un poème lyrique, ayant pour titre *Élégie sur la mort de L. César*. Il écrivit aussi des poésies grecques, à l'imitation d'Euphorion[147], de Rhianus[148] et de Parthenius[149], poètes qui faisaient ses délices et dont il fit placer les ouvrages et les portraits dans les bibliothèques publiques, parmi ceux des auteurs anciens les plus illustres ; aussi beaucoup de savants rivalisèrent-ils de zèle pour lui adresser maints commentaires sur ces trois poètes. Mais il s'appliqua surtout à étudier l'histoire légendaire, au point d'en arriver à des niaiseries et au ridicule. Ainsi les questions qu'il proposait aux grammairiens, catégorie de gens pour laquelle il avait un faible, comme nous l'avons dit[150], étaient ordinairement de ce genre : « Quelle était la mère d'Hécube ? Quel nom portait Achille au milieu des jeunes filles ? Quels étaient les chants des Sirènes ? » Et le jour où il entra dans la curie pour la première fois après la mort d'Auguste, comme pour satisfaire à la piété filiale en même temps qu'à la religion, il offrit aux dieux de l'encens et du vin, mais sans joueur de flûte, ainsi que Minos l'avait fait autrefois pour la mort de son fils.

LXXI. Quoiqu'il parlât le grec couramment et sans peine, il n'en fit pas usage indifféremment partout, et s'en abstint surtout au sénat, au point qu'avant de

147. Euphorion de Chalcis vécut à l'époque de Ptolémée Évergète.

148. Contemporain du précédent.

149. Parthenius de Nicée, contemporain d'Auguste, auteur d'un *Peri erotikôn patêmathôn* qui nous est parvenu.

150. Au chap. 52.

polium » nominaturus ueniam prius postularet, quod sibi uerbo peregrino utendum esset. [2]Atque etiam cum in quodam decreto patrum « ἔμβλημα » recitaretur, commutandam censuit uocem et pro peregrina nostratem requirendam aut, si non reperiretur, uel pluribus et per ambitum uerborum rem enuntiandam. [3]Militem quoque Graece testimonium interrogatum nisi Latine respondere uetuit.

LXXII. | [1]Bis omnino toto secessus tempore Romam redire conatus, semel triremi usque ad proximos naumachiae hortos subuectus est, disposita statione per ripas Tiberis, quae obuiam prodeuntis submoueret, iterum Appia usque ad septimum lapidem ; sed prospectis modo nec aditis urbis moenibus rediit, primo incertum qua de causa, postea ostento territus. [2]Erat ei in oblectamentis serpens draco, quem ex consuetudine manu sua cibaturus cum consumptum a formicis inuenisset, monitus est ut uim multitudinis caueret. [3]Rediens ergo propere Campaniam, Asturae in languorem incidit, quo paulum leuatus Cerceios pertendit. [4]Ac ne quam suspicionem infirmitatis daret, castrensibus ludis non tantum interfuit, sed etiam missum in harenam aprum iaculis desuper petit ; statimque latere

151. Tibère joue les puristes, car ce mot grec, désignant l'ornement en relief, était passé dans l'usage courant. Voir, *e.g.*, Cicéron, *In Verr.*, II, 4, 17.

prononcer le mot « monopole », il s'excusa d'être forcé de recourir à ce terme étranger. Une autre fois même, comme il avait, durant la lecture d'un sénatus-consulte, entendu le mot « ἔμϐλημα », il déclara qu'il fallait remplacer ce terme et chercher un mot latin pour le substituer à ce vocable étranger, ou, si l'on n'en trouvait pas, traduire la chose même en plusieurs mots, en employant une périphrase[151]. Il interdit également à un soldat, auquel on demandait son témoignage en grec, de répondre autrement qu'en latin.

LXXII. Pendant toute la durée de sa retraite, il essaya deux fois seulement de retourner à Rome ; la première, il vint sur une trirème jusqu'aux jardins voisins de la naumachie[152], après avoir fait distribuer sur les rives du Tibre des postes de soldats chargés d'éloigner les gens qui se portaient à sa rencontre ; la deuxième, empruntant la voie Appienne, il s'avança jusqu'au septième milliaire ; mais, après s'être borné à voir de loin les murs de Rome, sans les atteindre, il revint en arrière, la première fois, on ne sait pour quel motif, et la seconde, épouvanté par un prodige. Il s'amusait à élever un serpent dragon ; or, comme il venait, suivant son habitude, lui donner à manger de sa main, il le trouva dévoré par les fourmis, et on l'avertit qu'il devait prendre garde à la violence de la multitude. S'empressant donc de repartir pour la Campanie, il tomba malade à Astura[153], puis, comme il s'était un peu remis, il poussa jusqu'à Circéies[154]. Là, pour que rien ne fît soupçonner sa faiblesse, non seulement il assista à des jeux militaires, mais de sa place il lança des javelots sur un sanglier lâché dans l'arène ; aussitôt il ressentit un point de côté,

152. Les jardins de César (voir *Caes.*, 83), tandis que la naumachie fut creusée par Auguste (*Aug.*, 43).

153. Ville du Latium.

154. Ville du Latium.

conuulso et, ut exaestuarat, afflatus aura in grauiorem recidit morbum. [5]Sustentauit tamen aliquandiu, quamuis Misenum usque deuectus nihil ex ordine cotidiano praetermitteret, ne conuiuia quidem aut ceteras uoluptates partim intemperantia partim dissimulatione. [6]Nam Chariclen medicum, quod commeatu afuturus e conuiuio egrediens manum sibi osculandi causa apprehendisset, existimans temptatas ab eo uenas, remanere ac recumbere hortatus est cenamque protraxit. [7]Nec abstinuit consuetudine, quin tunc quoque instans in medio triclinio astante lictore singulos ualere dicentis appellaret.

LXXIII. [1]Interim cum in actis senatus legisset dimissos ac ne auditos quidem quosdam reos, de quibus strictim et nihil aliud quam nominatos ab indice scripserat, pro contempto se habitum fremens repetere Capreas quoquo modo destinauit, non temere quicquam nisi ex tuto ausurus. [2]Sed tempestatibus et ingrauescente ui morbi retentus, pauló post obiit in uilla Lucullana, octauo et septuagesimo aetatis anno, tertio et uicesimo imperii, XVII. K*al*. Ap. CN. Acerronio Proculo C. Pontio Nigr*in*o conss. | [3]Sunt qui putent uenenum ei a Gaio datum lentum atque tabificum; alii, in remissione fortuitae febris cibum desideranti negatum; nonnulli, puluinum iniectum, cum extractum sibi deficienti anulum mox resipiscens requisisset. [4]Seneca eum scribit intellecta defectione exemptum

155. Voir Tacite, *Ann.*, VI, 50.
156. Consul en 74 av. J.-C. Voir Tacite, *Ann.*, VI, 50.

prit un refroidissement après s'être trop échauffé, et retomba plus gravement malade. Cependant, il se soutint encore assez longtemps, quoique, une fois transporté jusqu'à Misène, il ne retranchât rien de ses habitudes journalières, pas même les festins ni les autres plaisirs, soit par intempérance, soit par dissimulation. Ainsi, comme son médecin Chariclès, au moment de le quitter pour une longue absence, au sortir d'un festin, lui avait saisi la main pour la baiser, Tibère, croyant qu'il lui avait tâté le pouls, le pria de rester, et de se remettre à table, puis il prolongea le dîner[155]. En outre, même dans cette circonstance, il resta fidèle à sa coutume de se tenir debout au milieu de la salle à manger, avec un licteur à côté de lui, pour répondre aux adieux de chaque convive.

LXXIII. Sur ces entrefaites, ayant lu dans les actes du sénat qu'on avait renvoyé, et même sans les entendre, certains accusés au sujet desquels il s'était contenté d'écrire, sans autre explication, qu'ils étaient désignés par un dénonciateur, il frémit de se voir méprisé et résolut de regagner son île à tout prix, car il n'osait rien hasarder sans être en lieu sûr. Mais, retenu par des tempêtes et par l'aggravation du mal, il mourut peu de temps après dans la villa de Lucullus[156], durant la soixante-dix-huitième année de son âge, et la vingt-troisième de son principat, le dix-septième jour avant les calendes d'avril, sous le consulat de Cn. Acerronius Proculus et de C. Pontius Nigrinus[157]. Certains pensent que Gaius lui avait donné un poison qui le mina lentement[158] ; d'autres, qu'on lui refusa de la nourriture, à un moment où sa fièvre était tombée ; quelques-uns, qu'il fut étouffé sous un coussin, alors que, revenant à lui, il réclamait son anneau qu'on lui avait enlevé pendant sa défaillance. D'après Sénèque, lorsqu'il se sentit défaillir,

157. En 37 ap. J.-C.
158. Voir *Cal.*, 12.

anulum quasi alicui traditurum parumper tenuisse, dein rursus aptasse digito et compressa sinistra manu iacuisse diu immobilem; subito uocatis ministris ac nemine respondente consurrexisse nec procul a lectulo deficientibus uiribus concidisse.

LXXIV. | [1]Supremo natali suo Apollinem Temenitem et amplitudinis et artis eximiae, aduectum Syracusis ut in bibliotheca templi noui poneretur, uiderat per quietem affirmantem sibi non posse se ab ipso dedicari. [2]Et ante paucos quam obiret dies, turris Phari terrae motu Capreis concidit. [3]Ac Miseni cinis e fauilla et carbonibus ad calficiendum triclinium inlatis, extinctus iam et diu frigidus, exarsit repente prima uespera atque in multam noctem pertinaciter luxit.

LXXV. | [1]Morte eius ita laetatus est populus, ut ad primum nuntium discurrentes pars « Tiberium in Tiberim ! » clamitarent, pars Terram matrem deosque Manes orarent, ne mortuo sedem ullam nisi inter impios darent, alii uncum et Gemonias cadaueri minarentur, exacerbati super memoriam pristinae crudelitatis etiam recenti atrocitate. [2]Nam cum senatus consulto cautum esset, ut poena damnatorum in decimum semper diem differretur, forte accidit ut quorundam supplicii dies is esset, quo nuntiatum de Tiberio erat. [3]Hos implorantis hominum fidem, quia absente adhuc Gaio nemo extabat

il retira son anneau comme pour le donner à quelqu'un, puis, après l'avoir tenu quelque temps ainsi, le remit à son doigt, et resta longtemps couché, immobile, la main gauche fermée ; tout à coup, ayant appelé ses serviteurs, sans recevoir aucune réponse, il se leva et, trahi par ses forces, tomba mort non loin de son lit.

LXXIV. Au dernier anniversaire de sa naissance, un Apollon Téménite[159] d'une grandeur et d'une beauté rares, qu'il avait fait venir de Syracuse pour le placer dans la bibliothèque d'un nouveau temple[160], lui apparut pendant son sommeil et lui déclara qu'il ne pourrait y être consacré par lui. Quelques jours avant sa mort, la tour du Phare, à Capri, fut renversée par un tremblement de terre. À Misène, des braises couvertes de cendres, que l'on avait apportées pour réchauffer la salle à manger, s'étaient déjà éteintes et refroidies depuis longtemps, lorsqu'elles se rallumèrent tout à coup sur le soir et continuèrent à briller bien avant dans la nuit.

LXXV. À la première nouvelle de sa mort, le peuple fut pris d'une telle allégresse, que les gens se mirent à courir de tous côtés, certains répétant le cri : « Tibère au Tibre ! », d'autres suppliant la Terre maternelle et les dieux Mânes de ne lui accorder de place que parmi les impies, d'autres menaçant son cadavre du croc et des Gémonies, parce qu'une atrocité récente, qui s'ajoutait au souvenir de ses anciennes cruautés, les avait exaspérés. En effet, un sénatus-consulte ayant établi que désormais le supplice de tous les condamnés serait différé jusqu'au dixième jour, il se trouva que certains devaient être exécutés le jour où l'on apprit la mort de Tibère. Ils se mirent donc à implorer la pitié de tous, mais, comme il n'y avait personne à qui l'on pût en

159. Du nom d'une localité voisine de Syracuse. Voir Cicéron, *In Verr.*, II, 4, 53.

160. Temple d'Apollon Palatin, construit par Auguste. Voir Suétone, *Aug.*, 29.

qui adiri interpellarique posset, custodes, ne quid aduersus constitutum facerent, strangulauerunt abiecerruntque in Gemonias. [4]Creuit igitur inuidia, quasi etiam post mortem tyranni saeuitia permanente. [5]Corpus ut moueri a Miseno coepit, conclamantibus plerisque Atellam potius deferendum et in amphitheatro semiustilandum, Romam per milites deportatum est crematumque publico funere.

LXXVI. | [1]Testamentum duplex ante biennium fecerat, alterum sua, alterum liberti manu, sed eodem exemplo, obsignaueratque etiam humillimorum signis. [2]Eo testamento heredes aequis partibus reliquit Gaium ex Germanico et Tiberium ex Druso nepotes substituitque in uicem ; dedit et legata plerisque, inter quos uirginibus Vestalibus, sed et militibus uniuersis plebeique Romanae uiritim atque etiam separatim uicorum magistris.

référer, car Gaius était encore absent, leurs gardiens, pour ne pas manquer à leur consigne, les étranglèrent et les jetèrent aux Gémonies. La haine en fut redoublée, car il sembla que la férocité du tyran se faisait encore sentir même après sa mort. Lorsqu'on leva le corps à Misène, une foule de gens crièrent qu'il fallait de préférence le transporter à Atella et le brûler hâtivement dans l'amphithéâtre ; mais des soldats le portèrent à Rome, où il fut incinéré, au cours de funérailles publiques.

LXXVI. Son testament avait été fait deux ans auparavant, à deux exemplaires, l'un écrit de sa main, l'autre, par un affranchi, mais tous deux identiques, et même des gens de la plus basse condition y avaient apposé leur cachet. Par ce testament, il institua ses héritiers, à titre égal, Gaius et Tibère, ses petits-fils, l'un par Germanicus, l'autre, par Drusus, et les établit mutuellement héritiers l'un de l'autre ; il fit encore des legs à beaucoup de personnes, entre autres aux vierges Vestales, mais aussi à l'armée en général, à chaque plébéien de Rome, et même, à titre spécial, aux surveillants des quartiers.

LIBER IIII

C. CALIGVLA

I. | [1]Germanicus, C. Caesaris pater, Drusi et minoris Antoniae filius, a Tiberio patruo adoptatus, quaesturam quinquennio ante quam per leges liceret et post eam consulatum statim gessit, missusque ad exercitum in Germaniam, excessu Augusti nuntiato, legiones uniuersas imperatorem Tiberium pertinacissime recusantis et sibi summam rei p. deferentis incertum pietate an constantia maiore compescuit atque hoste mox deuicto triumphauit. [2] Consul deinde iterum creatus ac prius quam honorem iniret ad componendum Orientis statum expulsus, cum Armeniae regem deuicisset, Cappadociam in prouinciae formam redegisset, annum agens aetatis quartum et tricensimum diuturno morbo Antiochiae obiit non sine ueneni suspicione. [3]Nam praeter liuores, qui toto corpore erant, et spumas, quae per os fluebant, cremati quoque cor inter ossa incorruptum repertum est : cuius ea natura existimatur, ut tinctum ueneno igne confici nequeat.

Livre IV

Caligula

I. Germanicus, père de C. César[1], fils de Drusus et d'Antonia la cadette, adopté par son oncle paternel Tibère, exerça la questure cinq ans avant l'âge légal, et le consulat immédiatement après ; puis, envoyé à l'armée de Germanie, comme toutes les légions, qui, à la nouvelle de la mort d'Auguste, refusaient obstinément d'avoir Tibère pour chef suprême, lui offraient à lui-même le pouvoir souverain, il les contint dans le devoir, témoignant ainsi d'une piété filiale et d'une fermeté d'âme, dont on ne sait quelle fut la plus grande, et après avoir, peu de temps après, battu complètement l'ennemi, reçut le triomphe[2]. Ensuite, nommé consul pour la seconde fois, il fut, avant d'entrer en charge, chassé de Rome, avec mission de pacifier l'Orient, puis, après avoir complètement battu le roi d'Arménie, réduit la Cappadoce à l'état de province, il mourut à Antioche, au cours de sa trente-quatrième année, après une longue maladie, et l'on ne fut pas sans soupçonner un empoisonnement. De fait, outre que des taches livides couvraient tout son corps et que des flots d'écume sortaient de sa bouche, son cœur fut aussi, après la crémation, retrouvé intact parmi ses ossements : or, on croit que cet organe est de nature à pouvoir résister au feu, lorsqu'il est imprégné de poison.

1. Caligula.
2. Voir Suétone, *Tib.*, 25.

II. Obiit autem, ut opinio fuit, fraude Tiberi, ministerio et opera CN. Pisonis, qui sub idem tempus Syriae praepositus, nec dissimulans offendendum sibi aut patrem aut filium, quasi plane ita necesse esset, etiam aegrum Germanicum grauissimis uerborum ac rerum acerbitatibus nullo adhibito modo adfecit; propter quae, ut Romam rediit, paene discerptus a populo, a senatu capitis damnatus est.

III. [1]Omnes Germanico corporis animique uirtutes, et quantas nemini cuiquam, contigisse satis constat : formam et fortitudinem egregiam, ingenium in utroque eloquentiae doctrinaeque genere praecellens, beniuolentiam singularem conciliandaeque hominum gratiae ac promerendi amoris mirum et efficax studium. [2]Formae minus congruebat gracilitas crurum, sed ea quoque paulatim repleta assidua equi uectatione post cibum. [3]Hostem comminus saepe percussit. [4]Orauit causas etiam triumphalis ; atque inter cetera studiorum monimenta reliquit et comoedias Graecas. [5]Domi forisque ciuilis, libera ac foederata oppida sine lictoribus adibat. Sicubi clarorum uirorum sepulcra cognosceret, inferias Manibus dabat. [6]Caesorum clade Variana ueteres ac dispersas reliquias uno tumulo humaturus, colligere sua manu et comportare primus adgressus est. [7]Obtrectatoribus etiam, qualescumque et quantacumque de causa nanctus esset, lenis adeo et innoxius, ut Pisoni

II. D'autre part, on vit dans sa mort un crime de Tibère, exécuté par l'intermédiaire et par les soins de Cn. Pison, qui, placé vers la même époque à la tête de la Syrie et ne dissimulant point qu'il était dans la nécessité absolue de déplaire soit au père soit au fils, accabla Germanicus, même quand il fut malade, des plus cruels outrages en paroles et en actes, sans garder aucune mesure ; aussi, lorsqu'il revint à Rome, il faillit être mis en pièces par le peuple et fut condamné à mort par le sénat.

III. Il est établi que Germanicus réunissait, à un degré que personne n'atteignit jamais, toutes les qualités du corps et de l'esprit : une beauté et une valeur incomparables, des dons supérieurs au point de vue de l'éloquence et du savoir, dans les deux domaines, grec et latin, une bonté extraordinaire, le plus vif désir et le talent merveilleux de gagner les sympathies et de mériter l'affection. La maigreur de ses jambes n'était pas en harmonie avec sa beauté, mais peu à peu elles prirent à leur tour de l'embonpoint, grâce à son habitude de monter à cheval après ses repas. Souvent il tua des ennemis en combattant corps à corps. Il plaida des causes même après son triomphe, et entre autres monuments de ses études, il laissa même des comédies grecques. D'une simplicité toute démocratique, dans sa vie publique comme dans sa vie privée, il entrait sans licteurs dans les villes libres et fédérées. Partout où il savait trouver le tombeau de personnages illustres, il allait offrir à leurs mânes des présents funèbres. Lorsqu'il voulut faire ensevelir sous le même tertre les vieux restes épars des soldats morts dans le désastre de Varus, il fut le premier à les recueillir et à les transporter de ses mains[3]. Même à l'égard de ses détracteurs, quels qu'ils fussent et si graves que pussent être leurs torts, il se montrait si doux, si peu vindicatif, que voyant Pison

3. Voir Tacite, *Ann.*, I, 62.

decreta sua rescindenti, clientelas diuexanti non prius suscensere in animum induxerit, quam ueneficiis quoque et deuotionibus impugnari se comperisset ; ac ne tunc quidem ultra progressus, quam ut amicitiam ei more maiorum renuntiaret mandaretque domesticis ultionem, si quid sibi accideret.

IV. Quarum uirtutum fructum uberrimum tulit, sic probatus et dilectus a suis, ut Augustus (omitto enim necessitudines reliquas) diu cunctatus an sibi successorem destinaret, adoptandum Tiberio dederit ; sic uulgo fauorabilis, ut plurimi tradant, quotiens aliquo adueniret uel sicunde discederet, prae turba occurrentium prosequentiumue nonnumquam eum discrimen uitae adisse, e Germania uero post compressam seditionem reuertenti praetorianas cohortes uniuersas prodisse obuiam, quamuis pronuntiatum esset, ut duae tantum modo exirent, populi autem Romani sexum, aetatem, ordinem omnem usque ad uicesimum lapidem effudisse se.

V. [1]Tamen longe maiora et firmiora de eo iudicia in morte ac post mortem extiterunt. [2]Quo defunctus est die, lapidata sunt templa, subuersae deum arae, Lares a quibusdam familiares in publicum abiecti, partus coniugum expositi. [3]Quin et barbaros ferunt, quibus intestinum quibusque aduersus nos bellum esset, uelut in domestico communique maerore consensisse ad indutias ; regulos quosdam barbam posuisse et uxorum

révoquer ses ordonnances, persécuter ses clients, il ne se décida point à lui témoigner son ressentiment avant d'avoir appris qu'il employait contre lui jusqu'à des sortilèges et des maléfices ; même alors, il se contenta de le prévenir, suivant l'usage des ancêtres, qu'il renonçait à son amitié, et de confier à ses intimes le soin de le venger, s'il lui arrivait malheur[4].

IV. De semblables vertus portèrent largement leur fruit : il fut tellement estimé et chéri de ses parents, qu'Auguste, pour ne rien dire des autres, après s'être longtemps demandé s'il ne le choisirait pas comme successeur, le fit adopter par Tibère[5] ; tellement en faveur auprès du peuple, que, suivant un grand nombre d'auteurs, toutes les fois qu'il arrivait à quelque endroit ou qu'il en partait, des foules accouraient à sa rencontre ou à sa suite, parfois au risque de l'étouffer ; en particulier, lorsqu'il revint de Germanie après avoir apaisé la révolte de l'armée, toutes les cohortes prétoriennes se portèrent au-devant de lui, quoique deux d'entre elles seulement eussent reçu l'ordre de quitter Rome, et le peuple romain, sans distinction de sexe, d'âge ni de condition, se répandit sur sa route jusqu'au vingtième milliaire.

V. Mais les sentiments qu'il inspirait se manifestèrent avec beaucoup plus d'éclat et de force quand il mourut et après sa mort. Le jour où il périt, on lança des pierres contre les temples, on renversa les autels des dieux, certains particuliers jetèrent à la rue les lares de la famille ou exposèrent leurs enfants nouveau-nés. On rapporte même que les barbares alors en guerre entre eux ou contre nous consentirent à une trêve, comme s'ils avaient perdu l'un des leurs et partagé notre affliction ; que certains petits rois, en signe de très grand deuil, se coupèrent la barbe et firent raser la tête de leurs

4. Voir Tacite, *Ann.*, II, 71.
5. Voir Suétone, *Tib.*, 15.

capita rasisse ad indicium maximi luctus ; regum etiam regem et exercitatione uenandi et conuictu megistanum abstinuisse, quod apud Parthos iusti*ti* instar est.

VI. [1]Romae quidem, cum ad primam famam ualitudinis attonita et maesta ciuitas sequentis nuntios opperiretur, et repente iam uesperi incertis auctoribus conualuisse tandem percrebruisset, passim cum luminibus et uictimis in Capitolium concursum est ac paene reuolsae templi fores, ne quid gestientis uota reddere moraretur, expergefactus e somno Tiberius gratulantium uocibus atque undique concinentium :

Salua Roma, salua patria, saluus est Germanicus.

[2]Et ut demum fato functum palam factum est, non solaciis ullis, non edictis inhiberi luctus publicus potuit durauitque etiam per festos Decembris mensis dies. [3]Auxit gloriam desideriumque defuncti et atrocitas insequentium temporum, cunctis nec temere opinantibus reuerentia eius ac metu repressam Tiberi saeuitiam, quae mox eruperit.

VII. Habuit in matrimonio Agrippinam, M. Agrippae et Iuliae filiam ; ex ea nouem liberos tulit : quorum duo infantes adhuc rapti, unus iam puerascens insigni festiuitate, cuius effigiem habitu Cupidinis in aede Capitolinae Veneris Liuia dedicauit, Augustus in cubiculo suo positam, quotiensque introiret, exosculabatur ; ceteri superstites patri fuerunt, tres sexus feminini, Agrippina Drusilla Liuilla, continuo triennio natae ;

femmes ; que le roi des rois[6] lui-même s'abstint de chasser et de recevoir les grands à sa table, ce qui, chez les Parthes, correspond à la suspension des affaires[7].

VI. À Rome, toute la population, frappée de stupeur et de tristesse à la première annonce de sa maladie, était dans l'attente des prochaines nouvelles ; enfin, vers le soir, le bruit s'étant tout à coup répandu, on ne sait comment, qu'il était rétabli, la foule en désordre courut au Capitole avec des torches et des victimes, enfonça presque les portes du temple, dans son impatience de rendre grâce aux dieux, et Tibère fut réveillé par les cris joyeux des citoyens qui chantaient dans toute la ville :

Rome est sauvée, la patrie est sauvée, Germanicus est sauf[8] !

Mais, lorsqu'enfin la nouvelle de sa mort fut officielle, aucune consolation, aucun édit ne put faire cesser le deuil du peuple, qui se prolongea même pendant les fêtes de décembre. Les horreurs des années suivantes augmentèrent encore la gloire de Germanicus et le regret de sa perte, car tout le monde estimait, non sans raison, qu'en inspirant à Tibère du respect et de la crainte il avait contenu sa férocité, qui éclata bientôt après.

VII. Germanicus eut pour femme Agrippine, fille de M. Agrippa et de Julie, qui lui donna neuf enfants : deux d'entre eux moururent encore au berceau et un troisième, alors qu'il commençait à grandir et se faisait remarquer par sa gentillesse ; Livie fit placer son image, figurant l'Amour, dans le temple de Vénus au Capitole ; Auguste, dans sa chambre à coucher, et chaque fois qu'il y entrait il lui donnait un baiser ; les autres survécurent à leur père : c'étaient trois filles, Agrippine, Drusilla et Livilla, nées à un an d'intervalle, et trois fils, Néron,

6. Le roi des Parthes.

7. Marquant le deuil public à Rome.

8. Baehrens, *Frag. poet. rom.*, p. 360.

totidem mares, Nero et Drusus et C. Caesar. Neronem et Drusum senatus Tiberio criminante hostes iudicauit.

VIII. | [1]C. Caesar natus est pridie Kal. Sept. patre suo et C. Fonteio Capitone coss. [2]Vbi natus sit, incertum diuersitas tradentium facit. [3]CN. Lentulus Gaetulicus Tiburi genitum scribit, Plinius Secundus in Treueris uico Ambitaruio supra Confluentes ; addit etiam pro argumento aras ibi ostendi inscriptas « ob Agrippinae puerperium ». [4]Versiculi imperante mox eo diuulgati apud hibernas legiones procreatum indicant :

In castris natus, patriis nutritus in armis,
Iam designati principis omen erat.

[5]Ego in actis Anti editum inuenio. [6]Gaetulicum refellit Plinius quasi mentitum per adulationem, ut ad laudes iuuenis gloriosique principis aliquid etiam ex urbe Herculi sacra sumeret, abusumque audentius mendacio, quod ante annum fere natus Germanico filius Tiburi fuerat, appellatus et ipse C. Caesar, de cuius amabili pueritia immaturoque obitu supra diximus. [7]Plinium arguit ratio temporum. Nam qui res Augusti memoriae mandarunt, Germanicum exacto consulatu in Galliam missum consentiunt iam nato Gaio. [8]Nec Plini opinionem inscriptio arae quicquam adiuuerit, cum Agrippina

9. Suétone, *Tib.*, 54.
10. En 12 ap. J.-C.

Drusus et C. César. Néron et Drusus, sur l'accusation de Tibère, furent déclarés ennemis publics par le sénat[9].

VIII. C. César naquit la veille des calendes de septembre, sous le consulat de son père et de C. Fonteius Capito[10]. Le lieu de sa naissance est mal déterminé, vu la divergence des sources. Cn. Lentulus Gaetulicus[11] dit qu'il vint au monde à Tibur, Pline l'Ancien, chez les Trévires, dans le village d'Ambitarvius, au-delà de Coblence ; ce dernier ajoute même, à titre de preuve, que l'on montre en ce lieu un autel portant l'inscription : « En l'honneur des couches d'Agrippine. » Les vers suivants, qui coururent plus tard dans le public, lorsqu'il fut empereur, indiquent qu'il fut mis au monde dans les quartiers d'hiver des légions :

> Né dans les camps, élevé parmi les troupes de son père,
> dès ce moment, il s'annonçait comme destiné à l'empire[12].

Pour moi, je trouve dans les actes officiels qu'il naquit à Antium. Gaetulicus est réfuté par Pline, qui l'accuse d'avoir menti par adulation, pour ajouter encore à l'éloge d'un prince jeune et passionné de gloire, en le faisant naître dans une ville consacrée à Hercule ; ce qui (ajoute Pline) l'enhardit à ce mensonge, c'est qu'environ un an plus tôt était né à Tibur un autre fils de Germanicus, également appelé C. César, celui dont nous avons signalé précédemment la grâce enfantine et la mort prématurée[13]. Pline a contre lui les dates, car les historiens d'Auguste s'accordent à dire que Germanicus fut envoyé en Gaule après son consulat, postérieurement à la naissance de Gaius. Et l'inscription portée sur l'autel ne saurait fournir le moindre argument en faveur

11. Historien et poète, consul en 26, exécuté sur ordre de Caligula en 39 pour avoir conspiré contre lui en Germanie.

12. Baehrens, *Frag. poet. rom.*, p. 361.

13. Voir chap. 7.

bis in ea regione filias enixa sit, et qualiscumque partus sine ullo sexus discrimine puerperium uocetur, quod antiqui etiam puellas pueras, sicut et pueros puellos dictitarent. [9]Extat et Augusti epistula, ante paucos quam obiret menses ad Agrippinam neptem ita scripta de Gaio hoc (neque enim quisquam iam alius infans nomine pari tunc supererat) : « Puerum Gaium XV *Kal.* Iun., si dii uolent, ut ducerent Talarius et Asillius, heri cum iis constitui. Mitto praeterea cum eo ex seruis meis medicum, quem scripsi Germanico si uellet ut retineret. Valebis, mea Agrippina, et dabis operam ut ualens peruenias ad Germanicum tuum. » [10]Abunde parere arbitror non potuisse ibi nasci Gaium, quo prope bimulus demum perductus ab urbe sit. [11]Versiculorum quoque fidem eadem haec eleuant et eo facilius, quod ii sine auctore sunt. [12]Sequenda est igitur, quae sola [auctor] restat et publici instrumenti auctoritas, praesertim cum Gaius Antium omnibus semper locis atque secessibus praelatum non aliter quam natale solum dilexerit tradaturque etiam sedem ac domicilium imperii taedio urbis transferre eo destinasse.

IX. | [1]Caligulae cognomen castrensi *ioco* traxit, quia manipulario habitu inter milites educabatur. [2]Apud quos quantum praeterea per hanc nutrimentorum consuetudinem amore et gratia ualuerit, maxime cognitum est, cum post excessum Augusti tumultuantis et in

de sa thèse, étant donné qu'Agrippine mit au monde deux filles dans ce pays-là, et que le nom de « puerperium » s'applique à tout enfantement, sans aucune distinction de sexe, car les anciens appelaient de même couramment les filles « puerae », aussi bien que les garçons « puelli ». On possède aussi la lettre suivante qu'Auguste adressa, quelques mois avant sa mort, à sa petite-fille Agrippine, et qui concerne bien Gaius, le futur empereur, car à cette date il ne lui restait plus d'autre enfant de ce nom : « Ce sera le quinzième jour avant les calendes de juin, s'il plaît aux dieux, que Talarius et Asillius emmèneront le petit Gaius : je me suis entendu hier avec eux. J'envoie en même temps que lui un médecin de ma maison et j'écris à Germanicus de le garder, s'il le veut. Portez-vous bien, ma chère Agrippine, et tâchez de parvenir en bonne santé auprès de votre Germanicus. » Ceci prouve de reste, il me semble, que Gaius n'a pas pu naître en Germanie, puisque c'est seulement à l'âge d'environ deux ans qu'il y fut emmené de Rome. Quant aux vers, d'après les mêmes arguments, ils ne méritent, eux non plus, aucune créance, d'autant qu'ils sont anonymes. On doit donc s'en tenir au témoignage qui seul garde son autorité et provient d'un document officiel, surtout si l'on considère que la ville d'Antium fut toujours le lieu et la retraite préférés entre tous par Gaius, qu'il la chérit absolument comme on le fait pour le sol natal, et que, dégoûté de Rome, il voulut même, dit-on, y transporter le centre et le siège de l'empire[14].

IX. Il dut le surnom de Caligula[15] à une plaisanterie militaire, parce qu'il était élevé au milieu des soldats et portait leur costume. Ce genre d'éducation lui valut en outre un énorme pouvoir sur leur cœur : on le mesura surtout lors de la mutinerie qui suivit la mort d'Auguste,

14. Voir chap. 49.

15. Diminutif de *caliga*, bottine de soldat. Voir Tacite, *Ann.*, I, 41.

furorem usque praecipites solus haud dubie ex conspectu suo flexit. [3]Non enim prius destiterunt, quam ablegari eum ob seditionis periculum et in proximam ciuitatem demandari animaduertissent ; tunc demum ad paenitentiam uersi represo ac retento uehiculo inuidiam quae sibi fieret deprecati sunt.

X. [1]Comitatus est patrem et Syriaca expeditione. [2]Vnde reuersus primum in matris, deinde ea relegata in Liuiae Augustae proauiae suae contubernio mansit ; quam defunctam praetextatus etiam tunc pro rostris laudauit. [3]Transitque ad Antoniam auiam et undeuicensimo aetatis anno accitus Capreas a Tiberio uno atque eodem die togam sumpsit barbamque posuit, sine ullo honore qualis contigerat tirocinio fratrum eius. [4]Hic omnibus insidiis temptatus elicientium cogentiumque se ad querelas nullam umquam occasionem dedit, perinde oblitterato suorum casu ac si nihil cuiquam accidisset, quae uero ipse pateretur incredibili dissimulatione transmittens tantique in auum et qui iuxta erant obsequii, ut non immerito sit dictum « nec seruum meliorem ullum nec deteriorem dominum fuisse. »

XI. [1]Naturam tamen saeuam atque probrosam ne tunc quidem inhibere poterat, quin et animaduersionibus poenisque ad supplicium datorum cupidissime interesset et ganeas atque adulteria capillamento

16. En l'an 12, à l'âge de 16 ans.

17. *Cf.* Tacite, *Ann.*, VI, 20, qui attribue cette phrase à l'orateur Passienus Crispus, qui fit une carrière sénatoriale sous Tibère et

quand lui seul – la chose est incontestable –, par sa seule apparition, calma les troupes emportées jusqu'à la démence. Elles ne s'apaisèrent, en effet, qu'au moment où elles s'aperçurent qu'on l'éloignait en raison du péril créé par leur révolte et qu'on allait le confier à la cité la plus voisine ; alors seulement touchées par le remords, elles saisirent et retinrent sa voiture, en suppliant qu'on leur épargnât cet affront.

X. Il accompagna encore son père dans son expédition de Syrie. À son retour, il demeura d'abord chez sa mère, puis, lorsqu'elle fut reléguée, chez sa bisaïeule, Livia Augusta ; après la mort de cette dernière, il prononça son éloge du haut de la tribune aux harangues, quand il portait encore la prétexte[16] ; il alla vivre ensuite auprès de sa grand-mère Antonia, puis, à l'âge de dix-neuf ans, Tibère l'ayant fait venir à Capri, en un même jour il prit la toge et se fit raser la barbe, sans recevoir aucun des honneurs qu'avaient obtenus ses frères pour leur début dans le monde. À Capri, malgré tous les pièges qu'on lui tendit, jamais il ne donna aucune prise à ceux qui cherchaient à lui arracher des plaintes, car il paraissait avoir aussi complètement oublié les malheurs des siens que s'il n'était rien arrivé à aucun d'eux, dévorait en outre ses propres affronts avec une dissimulation incroyable, et montrait tant de soumission à l'égard de son grand-père et de son entourage qu'on a pu dire de lui, non sans raison : « Il n'y eut pas meilleur esclave ni plus mauvais maître[17]. »

XI. Toutefois, même à cette époque, il ne pouvait contenir sa nature cruelle et vicieuse : il assistait avec le plus vif plaisir aux exécutions et aux supplices des condamnés, courait la nuit à la débauche et à l'adultère,

épousa Agrippine. Après la mort de Messaline, Agrippine le fit assassiner en 48 pour épouser Néron.

celatus et ueste longa noctibus obiret ac scaenicas saltandi canendique artes studiosissime appeteret; facile id sane Tiberio patiente, si per has mansuefieri posset ferum eius ingenium. ²Quod sagacissimus senex ita prorsus perspexerat, ut aliquotiens praedicaret exitio suo omniumque Gaium uiuere et se natricem [serpentis id genus] P. R., Phaet*h*ontem orbi terrarum educare.

XII. | ¹Non ita multo post Iuniam Claudillam M. Silani nobilissimi uiri F. duxit uxorem. ²Deinde augur in locum fratris sui Drusi destinatus, prius quam inaugurarctur ad pontificatum traductus est insigni testimonio pietatis atque indolis, cum deserta desolataque reliquis subsidiis aula, Seiano*q*ue tunc suspecto mox et oppresso, ad spem successionis paulatim admoueretur. ³Quam quo magis confirmaret, amissa Iunia ex partu, Enniam Naeuiam, Macronis uxorem, qui tum praetorianis cohortibus praeerat, sollicitauit ad stuprum pollicitus et matrimonium suum, si potitus imperio fuisset; deque ea re et iure iurando et chirographo cauit. ⁴Per hanc insinuatus Macroni ueneno Tiberium adgressus est, ut quidam opinantur, spirantique adhuc detrahi anulum et, quoniam suspicionem retinentis dabat, puluinum iussit inici atque etiam fauces manu sua oppressit, liberto, qui ob atrocitatem facinoris exclamaverat, confestim in crucem acto. ⁵Nec

18. D'après Tacite, *Ann.*, VI, 20, en 33.

19. Marcus Silanus, père de Junia Claudilla, première femme de Caius, consul en 15, à 50 ans.

coiffé d'une perruque et dissimulé sous un long manteau, et se passionnait pour les arts de la scène, la danse et le chant ; Tibère tolérait bien facilement cette conduite, dans l'espoir que de tels divertissements humaniseraient peut-être son caractère farouche, car le perspicace vieillard l'avait pénétré à fond et bien des fois il déclara hautement : « que Gaius vivait pour sa propre perte et pour celle de tous, qu'il élevait une hydre pour le peuple romain, un Phaéton, pour l'univers. »

XII. Assez peu de temps après, il épousa Junia Claudilla[18], fille de M. Silanus[19], personnage des plus nobles. Ensuite, désigné comme augure à la place de son frère Drusus[20], il fut, avant d'entrer en fonctions, élevé au pontificat, témoignage éclatant rendu à sa piété filiale et à son caractère : comme la cour se trouvait dépeuplée et veuve de ses autres soutiens, que Séjan était alors suspect, et même à la veille de sa perte, on rapprochait de lui peu à peu l'espoir de la succession. Pour mieux se l'assurer, quand il eut perdu Junie à la suite de couches[21], il séduisit Ennia Naevia, la femme de Macron[22], alors préfet des cohortes prétoriennes, en lui promettant même de l'épouser, s'il s'emparait du pouvoir, promesse qu'il garantit à la fois par un serment et par un écrit autographe. S'étant par son intermédiaire insinué dans les bonnes grâces de Macron, il fit, d'après certains, empoisonner Tibère, puis, quand il respirait encore, donna l'ordre de lui ôter son anneau, mais celui-ci ayant l'air de vouloir le retenir, il fit jeter sur lui un oreiller et même l'étrangla de sa propre main ; un affranchi qui s'était récrié devant l'atrocité de ce crime fut aussitôt mis en

20. Mort en 33.

21. D'après Tacite, *Ann.*, VI, 45, en 36.

22. Naevius Sutorius Macro, qui aurait aidé Tibère à se débarrasser de Séjan, auquel il succéda comme préfet du prétoire. Sur les relations de Caligula avec sa femme, Ennia, voir Tacite, *Ann.*, VI, 50.

abhorret a ueritate, cum sint quidam auctores ipsum postea etsi non de perfecto, at certe de cogitato quondam parricidio professum ; gloriatum enim assidue in commemoranda sua pietate, ad ulciscendam necem matris et fratrum introisse se cum pugione cubiculum Tiberii dormientis et misericordia correptum abiecto ferro recessisse ; nec illum, quanquam sensisset, aut inquirere quicquam aut exequi ausum.

XIII. | [1]Sic imperium adeptus, P. R., uel dicam hominum genus, uoti compotem fecit, exoptatissimus princeps maximae parti prouincialium ac militum, quod infantem plerique cognouerant, sed et uniuersae plebi urbanae ob memoriam Germanici patris miserationemque prope afflictae domus. [2]Itaque ut a Miseno mouit quamuis lugentis habitu et funus Tiberi prosequens, tamen inter altaria et uictimas ardentisque taedas densissimo et laetissimo obuiorum agmine incessit, super fausta nomina « sidus » et « pullum » et « pupum » et « alumnum » appellantium.

XIV. [1]Ingressoque urbem, statim consensu senatus et irrumpentis in curiam turbae, inrita Tiberi uoluntate, qui testamento alterum nepotem suum praetextatum adhuc coheredem ei dederat, ius arbitriumque omnium rerum illi permissum est tanta publica laetitia, ut tribus proximis mensibus ac ne totis quidem supra centum sexaginta milia uictimarum caesa tradantur. | [2]Cum deinde paucos post dies in proximas Campaniae insulas traiecisset, uota pro reditu suscepta sunt, ne

croix. Cette version n'a rien d'invraisemblable, puisqu'on trouve dans certaines sources qu'il avoua lui-même par la suite avoir, sinon exécuté, du moins médité autrefois ce parricide ; il se serait, en effet, continuellement glorifié, en célébrant sa piété filiale, d'avoir pénétré, un poignard à la main, dans la chambre où dormait l'empereur, pour venger l'assassinat de sa mère et de ses frères, et de s'être retiré, en jetant son arme, dans un mouvement de pitié ; et Tibère, quoiqu'il s'en fût aperçu, n'aurait osé ni faire la moindre enquête ni le punir.

XIII. En devenant ainsi maître de l'empire, il combla les vœux du peuple romain, je dirai même de l'humanité tout entière, car il était le prince rêvé pour la majorité des provinciaux et des soldats, dont la plupart l'avaient connu tout enfant, mais aussi pour toute la plèbe de Rome, qui gardait le souvenir de son père Germanicus et s'apitoyait sur cette famille presque anéantie. Aussi, quand il partit de Misène, quoiqu'il fût en habits de deuil et qu'il accompagnât la dépouille de Tibère, ce fut au milieu des autels, des victimes, des torches enflammées qu'il s'avança, traversant une foule compacte et pleine d'allégresse, qui, sans se contenter des noms d'heureux présage, l'appelait encore « son astre, son petit, son poupon et son nourrisson ».

XIV. Dès qu'il fut entré à Rome, le sénat, d'accord avec la foule qui fit irruption dans la curie, annulant une clause du testament de Tibère, qui lui avait donné comme cohéritier son autre petit-fils[23], encore vêtu de la prétexte, remit tout pouvoir entre ses mains ; l'allégresse du peuple fut si grande, que, dans les trois mois suivants et même un peu moins, il fut immolé, dit-on, plus de cent soixante mille victimes. Puis, quelques jours après, comme il s'était embarqué pour les îles voisines de la Campanie, on fit des prières pour son retour, nul ne lais-

23. Tiberius, fils de Drusus ; voir *Tib.*, 54.

minimam quidem occasionem quoquam omittente in testificanda sollicitudine et cura de incolumitate eius. [3]Vt uero in aduersam ualitudinem incidit, pernoctantibus cunctis circa Palatium, non defuerunt qui depugnaturos se armis pro salute aegri quique capita sua titulo proposito uouerent. [4]Accessit ad immensum ciuium amorem notabilis etiam externorum fauor. [5]Namque Artabanus Parthorum rex, odium semper contemptumque Tiberi prae se ferens, amicitiam huius ultro petiit uenitque ad colloquium legati consularis et transgressus Euphraten aquilas et signa Romana Caesarumque imagines adorauit.

XV. | [1]Incendebat et ipse studia hominum omni genere popularitatis. Tiberio cum plurimis lacrimis pro contione laudato funeratoque amplissime, confestim Pandateriam et Pontias ad transferendos matris fratrisque cineres festinauit, tempestate turbida, quo magis pietas emineret, adiitque uenerabundus ac per semet in urnas condidit; [2]nec minore scaena Ostiam praefixo in biremis puppe uexillo et inde Romam Tiberi subuectos per splendidissimum quemque equestris ordinis medio ac frequenti die duobus ferculis Mausoleo intulit inferiasque is annua religione publice instituit, et eo amplius matri circenses carpentumque quo in pompa traduceretur. [3]At in memoriam patris Septembrem mensem Germanicum appellauit. [4]Post haec

24. Néron.

25. Qu'Auguste avait fait construire entre la voie Flaminienne et la rive du Tibre, sous son sixième consulat. Voir Suétone, *Aug.*, 100.

sant passer même la moindre occasion de lui témoigner sa sollicitude et l'intérêt qu'il prenait à sa conservation. Mais, quand il vint à tomber malade, tous les citoyens passèrent la nuit autour du Palatium, et l'on vit des gens faire le vœu de combattre comme gladiateurs, d'autres afficher qu'ils offraient leur vie pour son rétablissement. À cette affection sans bornes des citoyens les étrangers eux-mêmes joignirent des témoignages remarquables de sympathie. Ainsi Artaban, le roi des Parthes, qui proclamait toujours sa haine et son mépris pour Tibère, sollicita de lui-même l'amitié de Caligula, eut une entrevue avec notre lieutenant consulaire et, traversant l'Euphrate, rendit hommage aux aigles, aux enseignes romaines, et aux portraits des Césars.

XV. Lui-même enflammait aussi les cœurs par toutes sortes de gestes agréables au peuple. Aussitôt qu'il eut prononcé devant l'assemblée, en versant des larmes abondantes, l'éloge de Tibère, auquel il fit des obsèques magnifiques, il s'empressa d'aller à Pandataria et à Ponties chercher les cendres de sa mère et de son frère[24], cela par un temps affreux, pour mieux faire ressortir sa piété filiale, puis, s'en étant approché avec respect, il les enferma lui-même dans des urnes ; avec une pompe non moins théâtrale, il les ramena sur une birème portant un pavillon en poupe, d'abord à Ostie, puis, en remontant le Tibre, jusqu'à Rome, où les membres les plus marquants de l'ordre équestre, au milieu du jour, en pleine animation, les portèrent dans le Mausolée[25], sur deux civières ; et il institua officiellement en leur honneur un sacrifice annuel, en y ajoutant pour sa mère des jeux du cirque, avec une voiture[26] pour porter son image dans la procession. En mémoire de son père, il donna au mois de septembre le nom de Germanicus. Il fit ensuite décerner

26. *Carpentum* : voiture à deux roues réservée aux femmes de qualité et aux prêtresses.

Antoniae auiae, quidquid umquam Liuia Augusta honorum cepisset, uno senatus consulto congessit; patruum Claudium, equitem R. ad id tempus, collegam sibi in consulatu assumpsit; fratrem Tiberium die uirilis togae adoptauit appellauitque principem iuuentutis. [5]De sororibus auctor fuit, ut omnibus sacramentis adiceretur : « Neque me liberosque meos cariores habebo quam Gaium et [h] ab eo sorores eius »; item relationibus consulum : « Quod bonum felixque sit C. Caesari sororibusque eius. » | [6]Pari popularitate damnatos relegatosque restituit; criminum, si quae residua ex priore tempore manebant, omnium gratiam fecit; commentarios ad matris fratrumque suorum causas pertinentis, ne cui postmodum delatori aut testi maneret ullus metus, conuectos in forum, et ante clare obtestatus deos neque legisse neque attigisse quicquam, concremauit; libellum de salute sua oblatum non recepit, contendens « nihil sibi admissum cur cuiquam inuisus esset », negauitque se delatoribus aures habere.

XVI. [1]Spintrias monstrosarum libidinum aegre ne profundo mergeret exoratus, urbe submouit. [2]Titi Labieni, Cordi Cremuti, Cassi Seueri scripta senatus consultis abolita requiri et esse in manibus lectitarique permisit, « quando maxime sua interesset ut facta quaeque posteris tradantur. » [3]Rationes imperii ab Augusto proponi solitas sed a Tiberio intermissas publicauit. [4]Magistratibus liberam iuris dictionem et sine sui appellatione concessit. [5]Equites R. seuere curioseque nec sine modera-

à la fois à son aïeule Antonia, par un seul sénatus-consulte, tous les honneurs que Livia Augusta avait successivement reçus ; quant à son oncle paternel Claude, resté jusqu'alors chevalier romain, il se l'adjoignit comme collègue au consulat ; son cousin germain Tibère fut adopté par lui et nommé prince de la jeunesse, le jour où il prit la toge virile. Pour honorer ses sœurs, il prescrivit d'ajouter à tous les serments : « Je ne serai pas plus attaché à moi-même ni à mes enfants que je ne le suis à Gaius et, immédiatement après lui, à ses sœurs » ; de même, aux rapports des consuls : « Pour le bonheur et la prospérité de C. César et de ses sœurs ! » Avec un égal désir de plaire au peuple, il réhabilita les condamnés et les exilés ; toutes les accusations qui dataient du principat précédent furent annulées ; afin de tranquilliser complètement pour l'avenir les délateurs et les témoins ayant figuré aux procès de sa mère et de ses frères, il fit entasser sur le forum toutes les pièces de leurs dossiers, puis, après avoir attesté les dieux, à haute voix, qu'il n'en avait lu ni touché aucune, il ordonna de les brûler ; comme on lui présentait un billet qui intéressait sa vie, il refusa de le prendre, prétendant « qu'il n'avait rien fait qui pût le rendre odieux à personne », et déclara qu'il était sourd aux délations.

XVI. Quant aux inventeurs de débauches monstrueuses, consentant à grand-peine à ne pas les engloutir au fond de la mer, il les bannit de Rome. Il permit de rechercher les écrits de Titus Labiénus, de Cremutius Cordus et de Cassius Severus, dont la destruction avait été ordonnée par des sénatus-consultes, puis autorisa leur diffusion et leur lecture, car « il avait, disait-il, le plus grand intérêt à ce que la postérité fût informée de tout ». Il reprit la publication des statistiques impériales, régulière sous Auguste, mais interrompue sous Tibère. Les magistrats eurent droit de juger en dernier ressort, et sans recours à l'empereur. Il passa en revue les chevaliers romains avec un soin rigoureux, mais non sans

tione recognouit, palam adempto equo quibus aut probri aliquid aut ignominiae inesset, eorum qui minore culpa tenerentur nominibus modo in recitatione praeteritis. [6]Vt leuior labor iudicantibus foret, ad quattuor prioris quintam decuriam addidit. [7]Temptauit et comitiorum more reuocato suffragia populo reddere. [8]Legata ex testamento Tiberi quamquam abolito, sed et Iuliae Augustae quod Tiberius suppresserat, cum fide ac sine calumnia repraesentata persoluit. [9]Ducentesimam auctionum Italiae remisit ; multis incendiorum damna suppleuit ; ac si quibus regna restituit, adiecit et fructum omnem uectigaliorum et reditum medii temporis, ut Antiocho Commageno sestertium milies confiscatum. [10]Quoque magis nullius non boni exempli fautor uideretur, mulieri libertinae octingenta donauit, quod excruciata grauissimis tormentis de scelere patroni reticuisset. [11]Quas ob res inter reliquos honores decretus est ei clipeus aureus, quem quotannis certo die collegia sacerdotum in Capitolium ferrent, senatu prosequente nobilibusque pueris ac puellis carmine modulato laudes uirtutum eius canentibus. Decretum autem ut dies quo cepisset imperium, Parilia uocaretur, uelut argumentum rursus conditae urbis.

XVII. | [1]Consulatus quattuor gessit, primum ex *Kal.* Iul. per duos menses, secundum ex *Kal.* Ian. per XXX dies, tertium usque in Idus Ian., quartum usque

27. Fête instituée en mémoire de la fondation de Rome, célébrée le onzième jour avant les calendes de mai (21 avril).

ménagement, car ceux qui étaient entachés d'opprobre ou d'infamie furent publiquement privés de leur cheval, tandis qu'il se contenta de ne pas nommer, en faisant l'appel, ceux qui étaient coupables d'une faute moins grave. Pour alléger la besogne des juges, il ajouta une cinquième décurie aux quatre anciennes. Il essaya même, en rétablissant l'usage des comices, de rendre au peuple le droit de vote. Il fit payer comptant, avec loyauté et sans chicane, les legs de Tibère, quoique son testament eût été annulé, et même ceux de Julia Augusta, dont le testament avait été supprimé par Tibère. Il exempta l'Italie de l'impôt du deux-centième sur les ventes aux enchères ; il indemnisa nombre de personnes éprouvées par des incendies ; quand il rétablit des rois sur leurs trônes, il leur restitua en outre tout ce que les impôts ou leur fortune personnelle avaient rapporté dans l'intervalle, ainsi, par exemple, à Antiochus, roi de Commagène, cent millions de sesterces qui avaient été confisqués. Et, pour mieux montrer qu'il encourageait partout la vertu, il donna huit cent mille sesterces à une affranchie qui, malgré les tortures les plus cruelles, n'avait pas dévoilé le crime de son patron. En reconnaissance de tels actes, on lui décerna, parmi d'autres honneurs, un écusson d'or, que devaient porter au Capitole, tous les ans, à une certaine date, les collèges de prêtres, suivis du sénat et de jeunes nobles des deux sexes chantant un hymne en l'honneur de ses vertus. On décida en outre que le jour où il avait pris le pouvoir serait appelé « Parilia[27] », comme s'il se fût agi d'une seconde fondation de Rome.

XVII. Caligula fut consul quatre fois[28] : la première, depuis les calendes de juillet, pendant deux mois, la seconde, à partir des calendes de janvier, pendant trente jours, la troisième, jusqu'aux ides de janvier, la

28. En 37, 39, 40 et 41.

septimum Idus easdem. [2]Ex omnibus duos nouissimos coniunxit. [3]Tertium autem Luguduni iniit solus, non, ut quidam opinantur, superbia neglegentiaue, sed quod defunctum sub Kalendarum diem collegam rescisse absens non potuerat. [4]Congiarium populo bis dedit trecenos sestertios, totiens abundantissimum epulum senatui equestrique ordini, etiam coniugibus ac liberis utrorumque; posteriore epulo forensia insuper uiris, feminis ac pueris fasc*ias* purpurae ac conchylii distribuit. [5]Et ut laetitiam publicam in perpetuum quoque augeret, adiecit diem Saturnalibus appellauitque Iuuenalem.

XVIII. | [1]Munera gladiatoria partim in amphitheatro Tauri partim in Saeptis aliquot edidit, quibus inseruit cateruas Afrorum Campanorumque pugilum ex utraque regione electissimorum. [2]Neque spectaculis semper ipse praesedit, sed interdum aut magistratibus aut amicis praesidendi munus iniunxit. [3]Scaenicos ludos et assidue et uarii generis ac multifariam fecit, quondam et nocturnos accensis tota urbe luminibus. [4]Sparsit et missilia uariarum rerum et panaria cum obsonio uiritim diuisit; qua epulatione equiti R. contra se hilarius auidiusque uescenti partes suas misit, sed et senatori ob eandem causam codicillos, quibus praetorem eum extra ordinem designabat. [5]Edidit et circenses plurimos a mane ad uesperam interiecta modo Africanarum uenatione

quatrième, jusqu'au septième jour avant ces mêmes ides. Ses deux derniers consulats furent consécutifs. Il inaugura le troisième tout seul, à Lyon, non point, comme certains le croient, par orgueil ni par négligence, mais parce qu'étant éloigné de Rome il n'avait pu savoir que son collègue était mort vers le jour des calendes (de janvier). En fait de largesses, il distribua deux fois au peuple trois cents sesterces par tête, et fit servir aux sénateurs et aux chevaliers deux festins somptueux, auxquels furent invités même leurs femmes et leurs enfants ; pour le second, il fit en outre distribuer aux hommes des vêtements de ville, aux femmes et aux enfants, des bandelettes de pourpre ; et, pour prolonger même de façon perpétuelle les réjouissances publiques, il ajouta un jour aux Saturnales et le nomma « Jour de la Jeunesse ».

XVIII. Il donna maintes fois des combats de gladiateurs, soit dans l'amphithéâtre de Taurus, soit dans l'enceinte des élections, en y joignant des troupes de lutteurs choisis parmi les plus habiles de l'Afrique et de la Campanie. Il ne présida pas toujours lui-même les spectacles, mais confia parfois ce rôle soit à des magistrats soit à l'un de ses amis. Il donna fréquemment des représentations théâtrales, de différents genres et dans divers lieux, une fois même pendant la nuit, en faisant illuminer toute la ville. Il fit aussi lancer à la foule des cadeaux variés et distribuer au peuple des paniers contenant des vivres ; dans un repas de ce genre, voyant un chevalier romain, placé en face de lui, manger avec beaucoup d'entrain et d'appétit, il lui envoya sa propre part, et, qui plus est, pour le même motif, il fit porter à un sénateur une lettre de nomination le désignant comme préteur extraordinaire. En outre, il donna très souvent des jeux du cirque, durant du matin jusqu'au soir, avec des intermèdes qui consistaient soit en une chasse de bêtes

modo Troiae decursione, et quosdam praecipuos, minio et chrysocolla constrato circo nec ullis nisi ex senatorio ordine aurigantibus. [6]Commisit et subitos, cum e Gelotiana apparatum circi prospicientem pauci ex proximis Maenianis postulassent.

XIX. | [1]Nouum praeterea atque inauditum genus spectaculi excogitauit. Nam Baiarum medium interuallum Puteolanas *ad* moles, trium milium et sescentorum fere passuum spatium, ponte coniunxit contractis undique onerariis nauibus et ordine duplici ad ancoras conlocatis superiectoque terreno ac derecto in Appiae uiae formam. [2]Per hunc pontem ultro citro commeauit biduo continenti, primo die falerato equo insignisque querceа corona et caetra et gladio aureaque chlamyde, postridie quadrigario habitu curriculoque biiugi famosorum equorum, prae se ferens Dareum puerum ex Parthorum obsidibus, comitante praetorianorum agmine et in essedis cohorte amicorum. [3]Scio plerosque existimasse talem a Gaio pontem excogitatum aemulatione Xerxis, qui non sine admiratione aliquanto angustiorem Hellespontum contabulauerit; alios, ut Germaniam et Britanniam, quibus imminebat, alicuius inmensi operis fama territaret. [4]Sed auum meum narrantem puer audiebam causam operis ab interioribus aulicis

d'Afrique, soit en une parade troyenne[29]; pour certains jeux exceptionnels, il fit parsemer le cirque de vermillon et de malachite, et n'admit à conduire les chars que des membres de l'ordre sénatorial. Il donna même des jeux à l'improviste, sur la demande que lui adressèrent, tandis qu'il examinait, du haut de la maison de Gelos[30], les installations du cirque, quelques personnes placées sur les balcons voisins.

XIX. En outre, il imagina un spectacle d'un genre entièrement nouveau et sans précédent. Il fit construire entre Baïes et la digue de Pouzzoles, que séparait un intervalle d'environ trois mille six cents pas, un pont constitué par des vaisseaux de charge, rassemblés de toutes parts, qui furent mis à l'ancre sur deux rangs; puis on les recouvrit de terre et l'on donna à l'ensemble l'aspect de la voie Appienne. Pendant deux jours de suite, il ne cessa d'aller et de venir sur ce pont: le premier jour, monté sur un cheval richement harnaché, il se signalait par une couronne de chêne, un petit bouclier, un glaive et une chlamyde brochée d'or; le lendemain, vêtu comme un cocher de quadrige, il conduisait un char attelé de deux chevaux célèbres, que précédait ostensiblement le jeune Darius, l'un des otages parthes, et que suivaient une troupe de prétoriens, puis des voitures transportant la foule de ses amis[31]. Je sais que, d'après la plupart, Gaius aurait imaginé un tel pont afin de rivaliser avec Xerxès, qu'on ne laissa pas d'admirer quand il en jeta un sur l'Hellespont, cependant beaucoup moins large, et, selon d'autres, pour terrifier par la renommée de quelque entreprise gigantesque les Germains et les Bretons qu'il menaçait d'une guerre. Mais, durant mon enfance, j'entendais raconter par mon grand-père, que, d'après les confidences de personnes mêlées aux secrets

29. Voir *supra*, *Tib.*, 6.
30. Inconnu.
31. Voir Dion Cassius, LIX, 17.

proditam, quod Thrasyllus mathematicus anxio de successore Tiberio et in uerum nepotem proniori affirmasset « non magis Gaium imperaturum quam per Baianum sinum equis discursurum. »

XX. | Edidit et peregre spectacula, in Sicilia Syracusis asticos ludos et in Gallia Luguduni miscellos ; sed hic certamen quoque Graecae Latinaeque facundiae, quo certamine ferunt uictoribus praemia uictos contulisse, eorundem et laudes componere coactos ; eos autem, qui maxime displicuissent, scripta sua spongia linguaue delere iussos, nisi ferulis obiurgari aut flumine proximo mergi maluissent.

XXI. | [1]Opera sub Tiberio semiperfecta, templum Augusti theatrumque Pompei, absoluit. [2]Incohauit autem aquae ductum regione Tiburti et amphitheatrum iuxta Saepta, quorum operum a successore eius Claudio alterum peractum, omissum alterum est. [3]Syracusis conlapsa uetustate moenia deorumque aedes refectae. [4]Destinauerat et Sami Polycratis regiam restituere, Mileti Didymeum peragere, in iugo Alpium urbem condere, sed ante omnia Isthmum in Achaia perfodere, miseratque iam ad dimetiendum opus primipilarem.

XXII. | [1]Hactenus quasi de principe, reliqua ut de monstro narranda sunt. | [2]Compluribus cognominibus adsumptis (nam et « pius » et « castrorum filius » et « pater exercituum » et « optimus maximus Caesar »

32. Tibère, fils de Drusus.

de la cour, la raison de cette entreprise fut la déclaration suivante de l'astrologue Thrasylle à Tibère, qui se tourmentait à propos de son successeur et penchait pour son propre petit-fils[32] : « Gaius n'a pas plus de chance d'être empereur que de traverser à cheval la baie de Baïes. »

XX. Il donna aussi des spectacles en dehors de Rome : en Sicile, à Syracuse, des jeux urbains, et en Gaule, à Lyon, des jeux variés ; mais à Lyon, il ouvrit en outre un concours d'éloquence grecque et latine, dans lequel, dit-on, les vaincus furent contraints d'offrir les prix aux vainqueurs et, par surcroît, de composer leur panégyrique ; quant aux concurrents qui avaient particulièrement déplu, on leur ordonna, paraît-il, d'effacer leurs écrits avec une éponge ou avec la langue, à moins qu'ils ne préférassent être battus à coups de férule ou précipités dans le fleuve voisin.

XXI. Il termina les monuments inachevés sous Tibère, le temple d'Auguste et le théâtre de Pompée[33]. D'autre part, il fit commencer un aqueduc dans la région de Tibur et un amphithéâtre près de l'enceinte des élections : le premier de ces ouvrages fut achevé par son successeur Claude[34], l'autre fut abandonné. À Syracuse, il fit relever les remparts et les temples des dieux que le temps avait abattus. Il avait aussi projeté de rebâtir à Samos le palais de Polycrate, d'achever à Milet le temple d'Apollon Didyme, de fonder une ville au sommet des Alpes, mais avant tout de percer l'Isthme (de Corinthe) en Achaïe, et déjà un primipilaire avait été envoyé sur les lieux pour prendre les mesures de ce travail.

XXII. Jusqu'ici nous avons parlé d'un prince ; il nous reste à parler d'un monstre. Non content d'avoir pris de multiples surnoms – on l'appelait, en effet, le pieux, le fils des camps, le père des armées, le meilleur

33. Voir Suétone, *Tib.*, 47.
34. Voir Suétone, *Cl.*, 20.

uocabatur), cum audiret forte reges, qui officii causa in urbem aduenerant, concertantis apud se super cenam de nobilitate generis, exclamauit :

εἷς κοίρανος ἔστω,
Εἷς βασιλεύς·

nec multum afuit quin statim diadema sumeret speciemque principatus in regni formam conuerteret. [3]Verum admonitus et principum et regum se excessisse fastigium, diuinam ex eo maiestatem asserere sibi coepit ; datoque negotio, ut simulacra numinum religione et arte praeclara, inter quae Olympi Iouis, apportarentur e Graecia, quibus capite dempto suum imponeret, partem Palatii ad forum usque promouit, atque aede Castoris et Pollucis in uestibulum transfigurata, consistens saepe inter fratres deos, medium adorandum se adeuntibus exhibebat ; et quidam eum « Latiarem Iouem » consalutarunt. [4]Templum etiam numini suo proprium et sacerdotes et excogitatissimas hostias instituit. [5]In templo simulacrum stabat aureum iconicum amiciebaturque cotidie ueste, quali ipse uteretur. [6]Magisteria sacerdotii ditissimus quisque et ambitione et licitatione maxima uicibus comparabant. [7]Hostiae erant phoenicopteri, pauones, tetraones, numidicae, meleagrides, phasianae, quae generatim per singulos dies immolarentur. [8]Et noctibus quidem plenam fulgentemque lunam inuitabat assidue in amplexus atque concubitum, interdiu uero cum Capitolino Ioue secreto fabulabatur, modo insusurrans ac praebens in uicem aurem, modo clarius nec sine iurgiis. [9]Nam uox comminantis audita est :

et le plus grand des Césars –, comme il entendait un jour des rois, venus à Rome pour lui rendre hommage, discuter à table devant lui sur la noblesse de leurs origines, il s'écria :

> N'ayons qu'un seul chef, qu'un seul roi[35],

et peu s'en fallut qu'il ne prît aussitôt le diadème et substituât la royauté à la fiction du principat. Mais son entourage lui ayant représenté qu'il s'était élevé au-dessus des princes et des rois, dès ce moment, il s'arrogea la majesté des dieux ; ayant alors envoyé chercher en Grèce les statues de dieux les plus vénérées et les plus belles, entre autres celle de Jupiter Olympien[36], pour remplacer leurs têtes par la sienne, il fit prolonger jusqu'au forum une aile du Palatium, et transformant en vestibule le temple de Castor et de Pollux, il s'y tenait souvent au milieu de ses frères les dieux et s'offrait parmi eux à l'adoration des visiteurs ; et certains le saluèrent du nom de Jupiter Latial. Il consacra même à sa divinité un temple spécial, des prêtres, et des victimes tout à fait rares. Dans ce temple se dressait sa propre statue en or, faite d'après nature, que l'on revêtait chaque jour d'un costume semblable au sien. La dignité de grand-prêtre était obtenue tour à tour, à force de brigue et de surenchères, par les citoyens les plus riches. Les victimes étaient des flamants, des paons, des coqs de bruyère, des poules de Numidie, des pintades, des faisans, et chaque jour on changeait d'espèce. Mieux encore, les nuits où la lune brillait dans son plein, il l'invitait fréquemment à venir l'embrasser et partager sa couche, et le jour il causait secrètement avec Jupiter Capitolin, tantôt en chuchotant et prêtant l'oreille à son tour, tantôt à voix plus haute et non sans le quereller. On l'entendit, en effet, menacer Jupiter en criant :

35. Homère, *Il.*, II, 204.
36. Œuvre de Phidias.

Ἤ μ' ἀνάειρ' ἢ ἐγὼ σέ,

donec exoratus, ut referebat, et in contubernium ultro inuitatus super templum Diui Augusti ponte transmisso Palatium Capitoliumque coniunxit. [10]Mox, quo propior esset, in area Capitolina nouae domus fundamenta iecit.

XXIII. | [1]Agrippae se nepotem neque credi neque dici ob ignobilitatem eius uolebat suscensebatque, si qui uel oratione uel carmine imaginibus eum Caesarum insererent. [2]Praedicabat autem matrem suam ex incesto, quod Augustus cum Iulia filia admisisset, procreatam; ac non contentus hac Augusti insectatione Actiacas Siculasque uictorias, ut funestas P. R. et calamitosas, uetuit sollemnibus feriis celebrari. [3]Liuiam Augustam proauiam Vlixem stolatum identidem appellans, etiam ignobilitatis quadam ad senatum epistula arguere ausus est quasi materno auo decurione Fundano ortam, cum publicis monumentis certum sit Aufidium Lurconem Romae honoribus functum. [4]Auiae Antoniae secretum petenti denegauit, nisi ut interueniret Macro praefectus, ac per istius modi indignitates et taedia causa extitit mortis, dato tamen, ut quidam putant, et ueneno; nec defunctae ullum honorem habuit prospexitque e triclinio ardentem rogum. [5]Fratrem Tiberium inopinantem repente immisso tribuno militum

Enlève-moi ou c'est moi qui t'enlèverai[37],

mais, finalement, sous prétexte que le dieu était parvenu à le fléchir et l'avait même invité à demeurer avec lui, il réunit le Palatium et le Capitole au moyen d'un pont franchissant le temple du divin Auguste ; plus tard, afin de s'en rapprocher davantage, il fit jeter sur le parvis du Capitole les fondations d'un nouveau palais.

XXIII. Il ne permettait ni de croire ni de dire qu'Agrippa était son grand-père[38], à cause de la bassesse de ses origines, et se mettait en fureur lorsque dans quelque ouvrage en prose ou en vers on le mentionnait parmi les ancêtres des Césars ; mais il proclamait que sa mère était le fruit d'un inceste commis par Auguste avec sa fille Julie. Non content de salir ainsi la mémoire d'Auguste, sous prétexte que les victoires d'Actium et de Sicile avaient été désastreuses et funestes au peuple romain, il défendit de les célébrer par les fêtes traditionnelles. Quant à Livia Augusta, son arrière-grand-mère, il l'appelait fréquemment « un Ulysse en jupon », et il osa même, dans une lettre au sénat, lui reprocher la bassesse de ses origines, en prétendant qu'elle avait eu pour aïeul maternel un décurion de Fondi, quoiqu'il soit établi par des documents officiels qu'Aufidius Lurco exerça des magistratures à Rome. Sa grand-mère Antonia lui demandant une audience particulière, il ne voulut la recevoir qu'en présence du préfet Macron, et ce fut par des affronts ou des avanies de ce genre qu'il provoqua sa mort ; certains prétendent cependant qu'il y ajouta le poison ; lorsqu'elle fut morte, il ne lui accorda aucun honneur et, sans quitter la table, contempla de loin les flammes de son bûcher. Son cousin germain Tibère fut tué à l'improviste par un tribun militaire qu'il lui envoya

37. Homère, *Il.*, XXIII, 724.

38. Agrippa était bel et bien le père d'Agrippine, femme de Germanicus et mère de Caligula.

interemit; Silanum item socerum ad necem secandasque nouacula fauces compulit: causatus in utroque, quod hic ingressum se turbatius mare non esset secutus ac spe occupandi urbem, si quid sibi per tempestates accideret, remansisset, ille antidotum obo*l*uisset, quasi ad praecauenda uenena sua sumptum, cum et Silanus inpatientiam nauseae uitasset et molestiam nauigandi, et Tiberius propter assiduam et ingrauescentem tussim medicamento usus esset. [6]Nam Claudium patruum non nisi in ludibrium reseruauit.

XXIV. | [1]Cum omnibus sororibus suis consuetudinem stupri fecit plenoque conuiuio singulas infra se uicissim conlocabat uxore supra cubante. [2]Ex iis Drusillam uitiasse uirginem praetextatus adhuc creditur atque etiam in concubitu eius quondam deprehensus ab Antonia auia, apud quam simul educabantur; mox Lucio Cassio Longino consulari conlocatam abduxit et in modum iustae uxoris propalam habuit; heredem quoque bonorum atque imperii aeger instituit. [3]Eadem defuncta iustitium indixit, in quo risisse lauisse cenasse cum parentibus aut coniuge liberisue capital fuit. [4]Ac maeroris impatiens, cum repente noctu profugisset ab urbe transcucurrissetque Campaniam, Syracusas petit, rursusque inde propere rediit barba capilloque promisso; nec umquam postea quantiscumque de rebus, ne pro contione quidem populi aut apud milites, nisi per numen

tout à coup ; il obligea de même son beau-père Silanus à se suicider en se tranchant la gorge avec un rasoir : il reprochait au second de ne pas l'avoir accompagné, un jour qu'il s'embarquait par une mer très mauvaise, et d'être resté à Rome dans l'espoir de s'en rendre maître, s'il venait à faire naufrage ; au premier, d'avoir décelé par son haleine qu'il avait absorbé un antidote pour se prémunir contre ses poisons ; en réalité, Silanus avait voulu éviter le mal de mer et les fatigues de la navigation, et Tibère avait pris un médicament pour se guérir d'une toux opiniâtre qui s'aggravait. Quant à son oncle paternel Claude, il ne l'épargna que pour s'en moquer[39].

XXIV. Il entretint des relations incestueuses avec toutes ses sœurs, et devant tout le monde, à table, il les faisait placer tour à tour au-dessous de lui, tandis que sa femme se tenait au-dessus. En ce qui concerne Drusilla, on croit qu'il la déflora quand il portait encore la prétexte, et qu'il fut même surpris un jour entre ses bras par leur aïeule Antonia, chez qui tous deux étaient élevés ; plus tard, il l'enleva au consulaire Lucius Cassius Longinus qui l'avait épousée, et la traita publiquement comme sa femme légitime ; tombé malade, il l'institua même héritière de sa fortune et de l'empire. Quand elle mourut, il ordonna une suspension générale des affaires, et, pendant cette période, ce fut un crime capital d'avoir ri, de s'être baigné, d'avoir dîné avec ses parents, sa femme ou ses enfants. Puis, dominé par sa douleur, il s'enfuit subitement loin de Rome, la nuit, traversa la Campanie et gagna Syracuse, d'où il revint précipitamment, sans s'être coupé la barbe ni les cheveux ; et depuis, dans toutes les circonstances, fussent-elles les plus importantes, même dans l'assemblée du peuple ou devant les soldats, il ne jura plus que par la divinité de

39. Voir Suétone, *Cl.*, 8, et *Ner.*, 6.

Drusillae deierauit. [5]Reliquas sorores nec cupiditate tanta nec dignatione dilexit, ut quas saepe exoletis suis prostrauerit; quo facilius eas in causa Aemili Lepidi condemnauit quasi adulteras et insidiarum aduersus se conscias ei. [6]Nec solum chirographa omnium requisita fraude ac stupro diuulgauit, sed et tres gladios in necem suam praeparatos Marti Vltori addito elogio consecrauit.

XXV. | [1]Matrimonia contraxerit turpius an dimiserit an tenuerit, non est facile discernere. [2]Liuiam Orestillam C. Pisoni nubentem, cum ad officium et ipse uenisset, ad se deduci imperauit intraque paucos dies repudiatam biennio post relegauit, quod repetisse usum prioris mariti tempore medio uidebatur. [3]Alii tradunt adhibitum cenae nuptiali mandasse ad Pisonem contra accumbentem : « Noli uxorem meam premere », statimque e conuiuio abduxisse secum ac proximo die edixisse « matrimonium sibi repertum exemplo Romuli et Augusti. » [4]Lolliam Paulinam, C. Memmio consulari exercitus regenti nuptam, facta mentione auiae eius ut quondam pulcherrimae, subito ex prouincia euocauit ac perductam a marito coniunxit sibi breuique missam fecit

40. La divinisation de Drusilla, le 23 septembre, donna lieu à une fête grandiose. Au même titre que Jules César et Auguste, elle eut droit à un culte complet avec temple et collège sacerdotal.

41. Peut-être fils du consul de 6 ap. J.-C., ancien mari de Drusilla, sœur de Caligula. Accusé de conspiration, il fut mis à mort à la fin de 39 ap. J.-C.

Drusilla[40]. Son amour pour ses autres sœurs ne s'accompagna ni d'une semblable passion ni de pareils égards, puisqu'il les prostitua souvent à ses mignons ; il eut ainsi plus de facilité, lors du procès d'Æmilus Lepidus[41], pour les faire condamner comme adultères et comme complices de la conjuration que ce dernier tramait contre lui. Et, non content de publier les lettres autographes de toutes ses sœurs, qu'il s'était procurées par la fraude et par des voies infâmes, il fit consacrer à Mars Vengeur, en y joignant une inscription, trois glaives préparés contre lui.

XXV. Quant à ses mariages, on a peine à décider s'il mit plus d'effronterie à les contracter, à les rompre, ou à les maintenir. Lorsque Livia Orestilla[42] épousa C. Pison, étant venu lui-même à la cérémonie pour leur faire honneur, il donna l'ordre de l'emmener chez lui, puis, au bout de quelques jours, il la répudia, et deux ans plus tard l'exila, parce qu'elle semblait, dans l'intervalle, avoir repris la vie commune avec son premier mari. Suivant d'autres, comme il assistait au festin nuptial, il fit dire à Pison qui était placé en face de lui : « Ne serrez pas mon épouse de trop près », puis, quittant la table aussitôt, emmena Orestilla avec lui et le lendemain proclama dans un édit : « qu'il avait trouvé à se marier suivant l'exemple de Romulus et d'Auguste[43]. » Lollia Paulina était mariée avec le consulaire C. Memmius qui commandait des armées : Caligula, ayant entendu citer son aïeule comme l'une des beautés d'autrefois, la rappela tout à coup de sa province et se la fit céder par son mari pour l'épouser lui-même, puis il la renvoya bientôt après, en lui interdisant à tout jamais d'appar-

42. Orestina, si l'on s'en tient aux manuscrits de Dion Cassius.

43. Allusion au mariage de Romulus avec Hersilia (Plutarque, *Romul.*, 14) et d'Auguste avec Livie : les deux épousées étaient déjà mariées.

interdicto cuiusquam in perpetuum coitu. [5]Caesoniam neque facie insigni neque aetate integra matremque iam ex alio uiro trium filiarum, sed luxuriae ac lasciuiae perditae, et ardentius et constantius amauit, ut saepe chlamyde peltaque et galea ornatam ac iuxta adequitantem militibus ostenderit, amicis uero etiam nudam. [6]Vxorio nomine dignatus est † quam enixam, uno atque eodem die professus et maritum se eius et patrem infantis ex ea natae. [7]Infantem autem, Iuliam Drusillam appellatam, per omnium dearum templa circumferens Mineruae gremio imposuit alendamque et instituendam commendauit. [8]Nec ullo firmiore indicio sui seminis esse credebat quam feritatis, quae illi quoque tanta iam tunc erat, ut infestis digitis ora et oculos simul ludentium infantium incesseret.

XXVI. [1]Leue ac frigidum sit his addere, quo propinquos amicosque pacto tractauerit, Ptolemaeum regis Iubae filium, consobrinum suum (erat enim et is M. Antonii ex Selene filia nepos) et in primis ipsum Macronem, ipsam Enniam, adiutores imperii : quibus omnibus pro necessitudinis iure proque meritorum gratia cruenta mors persoluta est. | [2]Nihilo reuerentior leniorue erga senatum, quosdam summis honoribus functos ad essedum sibi currere togatos per aliquot passuum milia et cenanti modo ad pluteum modo ad pedes stare succinctos linteo passus est ; alios cum clam interemisset, citare nihilo minus ut uiuos perseuerauit, paucos post dies uoluntaria morte perisse mentitus.

tenir à personne[44]. Caesonia n'était pas d'une beauté remarquable ni dans la fleur de l'âge ; de plus, elle avait déjà eu trois filles d'un autre mari, mais elle était perdue de débauche et de vices : il eut pour elle une passion si ardente et si durable que souvent il la présenta à ses soldats chevauchant à ses côtés avec une chlamyde, un bouclier et un casque, et même toute nue à ses amis. Il l'honora du titre d'épouse ; quand elle eut accouché, en un seul et même jour il se déclara son mari et le père de l'enfant qu'elle avait mise au monde. Ayant appelé celle-ci Julia Drusilla, il la porta dans les temples de toutes les déesses et la déposa dans le giron de Minerve, qu'il pria de la nourrir et de l'élever. Le meilleur signe auquel il la reconnaissait comme sa fille était sa cruauté, déjà si marquée chez elle aussi, qu'elle cherchait à blesser avec les doigts le visage et les yeux des petits enfants qui jouaient avec elle.

XXVI. Après cela, il paraîtrait froid et sans intérêt d'exposer comment il traita ses proches et ses amis, par exemple Ptolémée, le fils du roi Juba, son cousin – il était, en effet, lui aussi, par sa mère Selene, le petit-fils de M. Antoine –, et, par-dessus tout, même Macron, même Ennia, qui l'avaient élevé à l'empire : tous, pour prix de leur parenté et pour récompense de leurs services, périrent d'une mort sanglante. Non moins irrespectueux et cruel envers les sénateurs, il laissa quelques-uns d'entre eux, qui avaient exercé les plus hautes magistratures, courir en toge à côté de son char sur plusieurs milliers de pas, et rester debout pendant qu'il dînait, soit près du dossier de son lit, soit à ses pieds, un tablier à la ceinture ; d'autres furent exécutés secrètement, et néanmoins il continua d'appeler leurs noms, comme s'ils vivaient encore, puis, au bout de quelques jours, il prétendit qu'ils s'étaient suicidés. Des

44. Messaline morte, elle essaya tout de même d'épouser Claude (*cf.* Suétone, *Cl.*, 26) : Agrippine la fit tuer.

[3]Consulibus oblitis de natali suo edicere abrogauit magistratum fuitque per triduum sine summa potestate res p. [4]Quaestorem suum in coniuratione nominatum flagellauit ueste detracta subiectaque militum pedibus, quo firme uerberaturi insisterent. | [5]Simili superbia uiolentiaque ceteros tractauit ordines. [6]Inquietatus fremitu gratuita in circo loca de media nocte occupantium, omnis fustibus abegit; elisi per eum tumultum uiginti amplius equites R., totidem matronae, super innumeram turbam ceteram. [7]Scaenicis ludis, inter plebem et equitem causam discordiarum ferens, decimas maturius dabat, ut equestria ab infimo quoque occuparentur. [8]Gladiatorio munere reductis interdum flagrantissimo sole uelis emitti quemquam uetabat, remotoque ordinario apparatu tabidas feras, uilissimos senioque confectos gladiatores, *pro*que paegniaris patres familiarum notos [in bonam partem] sed insignis debilitate aliqua corporis subiciebat. [9]Ac nonnumquam horreis praeclusis populo famem indixit.

XXVII. | [1]Saeuitiam ingenii per haec maxime ostendit. [2]Cum ad saginam ferarum muneri praeparatarum carius pecudes compararentur, ex noxiis laniandos adnotauit, et custodiarum seriem recognoscens, nullius inspecto elogio, stans tantum modo intra porticum

consuls ayant oublié de publier une proclamation pour l'anniversaire de sa naissance, il les dépouilla de leur charge et l'État fut pendant trois jours privé de sa magistrature suprême. Comme son questeur avait été mentionné dans une conjuration, il ordonna de le flageller, après lui avoir ôté ses vêtements, que les soldats mirent sous leurs pieds, pour bien assurer leurs coups. Il traita les autres ordres avec autant d'orgueil et de brutalité. Troublé dans son sommeil par la rumeur des gens qui, dès le milieu de la nuit, s'installaient aux places gratuites dans le cirque, il les fit tous chasser à coups de bâton ; dans la bousculade furent écrasés plus de vingt chevaliers romains, et tout autant de matrones, sans compter une foule immense d'autres spectateurs. Lors des représentations théâtrales, pour provoquer des rixes entre la plèbe et les chevaliers, il faisait distribuer les décimes[45] avant l'heure, afin que les sièges de l'ordre équestre fussent occupés par la plus vile populace. Quelquefois, pendant un combat de gladiateurs, il faisait replier le vélum, par un soleil des plus ardents, puis interdisait à tout le monde de sortir, et, vidant l'arène de ses occupants habituels, il leur substituait des bêtes galeuses, des gladiateurs de rebut, accablés de vieillesse, et, comme escrimeurs, des pères de famille [honorablement] connus, mais affligés d'une infirmité quelconque. De plus, il lui arriva de fermer les greniers publics et d'annoncer au peuple une famine.

XXVII. La férocité de sa nature se manifesta surtout par les traits suivants. Comme il était trop onéreux d'acheter du bétail pour nourrir les animaux sauvages destinés aux jeux, il désigna des condamnés pour leur servir de pâture, et, passant en revue les différentes prisons, sans examiner un seul acte d'écrou, il se plaça simplement au milieu du portique, puis donna l'ordre de

45. Présents faits au peuple par les dignitaires. Voir, *e.g.*, Cicéron, *De off.*, II, 17.

mediam, « a caluo ad caluum » duci imperauit. [3]Votum exegit ab eo, qui pro salute sua gladiatoriam operam promiserat, spectauitque ferro dimicantem nec dimisit nisi uictorem et post multas preces. [4]Alterum, qui se periturum ea de causa uouerat, cunctantem pueris tradidit, « uerbenatum infulatumque uotum reposcentes per uicos agerent, quoad praecipitaretur ex aggere. » [5]Multos honesti ordinis deformatos prius stigmatum notis ad metalla et munitiones uiarum aut ad bestias condemnauit aut bestiarum more quadripedes cauea coercuit aut medios serra dissecuit, nec omnes grauibus ex causis, uerum male de munere suo opinatos, uel quod numquam per genium suum deierassent. [6]Parentes supplicio filiorum interesse cogebat; quorum uni ualitudinem excusanti lecticam misit, alium a spectaculo poenae epulis statim adhibuit atque omni comitate ad hilaritatem et iocos prouocauit. [7]Curatorem munerum ac uenationum per continuos dies in conspectu suo catenis uerberatum non prius occidit quam offensus putrefacti cerebri odore. [8]Atellanae poetam ob ambigui ioci uersiculum media amphitheatri harena igni cremauit. [9]Equitem R. obiectum feris, cum se innocentem proclamasset, reduxit abscisaque lingua rursus induxit.

les conduire (aux bêtes) « tous indistinctement[46] ». Un homme ayant fait vœu de se battre comme gladiateur, si l'empereur se rétablissait, il le contraignit à s'exécuter, le regarda combattre avec le glaive, et ne le relâcha qu'après bien des prières, lorsqu'il eut été vainqueur. Comme un autre, après s'être voué à la mort dans la même intention, hésitait à se tuer, il le livra aux enfants et leur recommanda « de le promener dans les divers quartiers, avec la couronne de verveine et les bandelettes (des victimes), en lui rappelant sa promesse, avant qu'on le précipitât du haut de la terrasse (des exécutions) ». Beaucoup de gens d'un rang honorable furent, par ses ordres, marqués au fer, puis condamnés aux mines, aux travaux des routes ou aux bêtes, ou bien contraints de se tenir à quatre pattes dans une cage, comme des animaux, ou sciés par le milieu du corps ; et ce n'était pas toujours pour des motifs graves, mais pour avoir critiqué l'un de ses spectacles ou parce qu'ils n'avaient jamais juré par son génie. Il obligeait les pères à contempler l'exécution de leurs fils : comme l'un d'entre eux alléguait qu'il était malade, il lui envoya sa litière ; au retour même de l'exécution, il en invita un autre à sa table[47] et déploya toute sa bonne humeur pour le faire rire et plaisanter. Un intendant des jeux et des chasses fut plusieurs jours de suite battu avec des chaînes en sa présence, et il attendit pour le faire mettre à mort de se sentir incommodé par l'odeur de sa cervelle en putréfaction. Un auteur d'atellane, pour un simple vers contenant une plaisanterie à double sens, fut brûlé dans l'amphithéâtre, au milieu de l'arène. Un chevalier romain que l'on jetait aux bêtes ayant crié son innocence, il ordonna de l'emmener, de lui couper la langue et de le ramener au supplice.

46. Littéralement, « du chauve au chauve », formule devenue proverbiale : peut-être était-ce une manière d'exprimer sa haine à l'égard de Séjan, tous les chauves étant surnommés *Sejani*.

XXVIII. [1]Reuocatum quendam a uetere exilio sciscitatus, quidnam ibi facere consuesset, respondente eo per adulationem : « Deos semper oraui ut, quod euenit, periret Tiberius et tu imperares », opinans sibi quoque exules suos mortem imprecari, misit circum insulas, qui uniuersos contrucidarent. [2]Cum discerpi senatorem concupisset, subornauit qui ingredientem curiam repente hostem publicum appellantes inuaderent, graphisque confossum lacerandum ceteris traderent ; nec ante satiatus est quam membra et artus et uiscera hominis tracta per uicos atque ante se congesta uidisset.

XXIX. [1]Immanissima facta augebat atrocitate uerborum. [2]Nihil magis in natura sua laudare se ac probare dicebat quam, ut ipsius uerbo utar, « ἀδιατρεψίαν », [hoc est inuerecundiam]. [3]Monenti Antoniae auiae, tamquam parum esset non oboedire : « Memento », ait, « omnia mihi et *in* o*m*nis licere. » [4]Trucidaturus fratrem,quem metu uenenorum praemuniri medicamentis suspicabatur : « Antidotum », inquit, « aduersus Caesarem ? » [5]Relegatis sororibus « non solum insulas habere se, sed etiam gladios » minabatur. [6]Praetorium uirum ex secessu Anticyrae, quam ualitudinis causa petierat, propagari sibi commeatum saepius desiderantem cum mandasset interimi, adiecit « necessariam esse sanguinis missionem, cui tam diu non prodesset ellebo-

47. Ce père, « chevalier romain très en vue », est le Pastor dont parle Sénèque, *De ira*, II, 33, 3-4.

XXVIII. Il questionna un exilé d'autrefois, rappelé par lui, sur ce qu'il faisait habituellement dans son exil, et celui-ci lui répondant par adulation : « Je ne cessais de prier les dieux, qui m'ont exaucé, de faire périr Tibère et de vous donner l'empire », persuadé que les gens exilés par lui souhaitaient pareillement sa mort, il envoya des exécuteurs dans les îles pour les égorger tous. Désirant faire mettre en pièces un sénateur, il soudoya quelques-uns de ses collègues, qui, tout à coup, à son entrée dans la curie, se précipitèrent sur lui en le traitant d'ennemi public, et le transpercèrent de leurs poinçons, laissant aux autres le soin de le déchirer ; il ne fut rassasié qu'après avoir vu ses membres et ses entrailles traînés dans les rues, puis jetés en tas devant lui.

XXIX. Ses crimes les plus monstrueux s'aggravaient de paroles atroces. Ce qu'il admirait, disait-il, et prisait avant tout dans son caractère, c'était, pour me servir de sa propre expression, son ἀδιατρέφια [c'est-à-dire son effronterie]. Sa grand-mère Antonia lui adressant une remontrance, il lui répondit, comme s'il n'eût pas suffi de lui désobéir : « Souvenez-vous que j'ai tout pouvoir et sur tout le monde. » Sur le point de faire égorger son cousin germain, parce qu'il soupçonnait que la crainte lui faisait prendre des contre-poisons, il lui dit : « Eh quoi ! un antidote contre César ? » Après avoir relégué ses sœurs, il leur écrivait, à titre de menace : « qu'il possédait non seulement des îles, mais aussi des glaives. » Comme un ancien préteur, de sa retraite d'Anticyre, où il s'était rendu pour raisons de santé, lui demandait par trop souvent des prolongations de congé, il envoya l'ordre de le mettre à mort, en ajoutant : « qu'une saignée lui était nécessaire, puisqu'après si longtemps l'hellébore[48] ne le guérissait pas ». Tous les

48. Herbe censée guérir la folie, celle d'Anticyre était particulièrement célèbre, au point qu'« avoir besoin d'un voyage à Anticyre » est devenu synonyme d'être fou. Voir Horace, *Ars Poet.*, 300.

rum. » [7]Decimo quoque die numerum puniendorum ex custodia subscribens, « rationem se purgare » dicebat. [8]Gallis Graecisque aliquot uno tempore condemnatis gloriabatur « Gallograeciam se subegisse. »

XXX. [1]Non temere in quemquam nisi crebris et minutis ictibus animaduerti passus est, perpetuo notoque iam praecepto : « Ita feri ut se mori sentiat. » [2]Punito per errorem nominis alio quam quem destinauerat, ipsum quoque paria meruisse dixit. [3]Tragicum illud subinde iactabat :

Oderint, dum metuant.

[4]Saepe in cunctos pariter senatores ut Seiani clientis, ut matris ac fratrum suorum delatores, inuectus est prolatis libellis, quos crematos simulauerat, defensaque Tiberi saeuitia quasi necessaria, cum tot criminantibus credendum esset. [5]Equestrem ordinem ut scaenae harenaeque deuotum assidue proscidit. [6]Infensus turbae fauenti aduersus studium suum exclamauit : « Vtinam P. R. unam ceruicem haberet ! » [7]Cumque Tetrinius latro postularetur, « et qui postularent, Tetrinios esse » ait. [8]Retiari tunicati quinque numero gregatim dimicantes sine certamine ullo totidem secutoribus succubuerant ; cum occidi iuberentur, unus resumpta fuscina omnes uictores interemit : hanc ut crudelissimam caedem et defleuit edicto et eos, qui spectare sustinuissent, execratus est.

49. La Galatie, pays d'Asie Mineure, dont Auguste fit une province romaine en 25 av. J.-C.

dix jours, il arrêtait la liste des prisonniers à exécuter, ce qu'il appelait « apurer ses comptes. » Ayant condamné à la fois un grand nombre de Gaulois et de Grecs, il se vantait « d'avoir soumis la Gallo-Grèce[49] ».

XXX. Il n'admit pour ainsi dire jamais que l'on exécutât quelqu'un autrement qu'à petits coups multipliés, et l'on connaissait bien son éternelle recommandation : « Frappe-le de telle façon qu'il se sente mourir. » Comme on avait mis à mort, en se trompant de nom, un condamné différent de celui qu'il avait désigné, il déclara que tous deux avaient mérité la même peine. Souvent il répétait ce vers de tragédie :

> Qu'ils me haïssent, pourvu qu'ils me craignent[50] !

Il fit de fréquentes sorties contre tous les sénateurs, qu'il appelait les clients de Séjan, les dénonciateurs de sa mère et de ses frères, et, produisant les pièces qu'il avait feint de brûler, il justifia la cruauté de Tibère, qui ne pouvait manquer de croire un si grand nombre d'accusateurs. Quant à l'ordre équestre, il ne cessa de le diffamer, en lui attribuant une passion exclusive pour le théâtre et les jeux de l'arène. Furieux de voir que la foule avait d'autres favoris que les siens, il s'écria : « Plût aux dieux que le peuple romain n'eût qu'une tête ! » ; un jour que le peuple réclamait pour l'arène le bandit Tetrinius, il déclara : « Ceux qui le réclament sont aussi des Tetrinius. » Une troupe de cinq rétiaires, vêtus d'une simple tunique, s'était laissé battre sans aucune résistance par un nombre égal d'adversaires ; la foule donnant l'ordre de les égorger, l'un d'entre eux reprit son trident et tua tous les vainqueurs : Caligula, non content de déplorer dans un édit ce massacre qu'il déclarait abominable, accabla de malédictions ceux qui en avaient supporté le spectacle.

50. Ribbeck, *Trag. rom. frag.*, Accius, v. 203.

XXXI. Queri etiam palam de condicione temporum suorum solebat, quod nullis calamitatibus publicis insignirentur; Augusti principatum clade Variana, Tiberi ruina spectaculorum apud Fidenas memorabilem factum, suo obliuionem imminere prosperitate rerum; atque identidem exercituum caedes, famem, pestilentiam, incendia, hiatum aliquem terrae optabat.

XXXII. | [1]Animum quoque remittenti ludoque et epulis dedito eadem factorum dictorumque saeuitia aderat. [2]Saepe in conspectu prandentis uel comisantis seriae quaestiones per tormenta habebantur, miles decollandi artifex quibuscumque e custodia capita amputabat. [3]Puteolis dedicatione pontis, quem excogitatum ab eo significauimus, cum multos e litore inuitasset ad se, repente omnis praecipitauit, quosdam gubernacula apprehendentes contis remisque detrusit in mare. [4]Romae publico epulo seruum ob detractam lectis argenteam laminam carnifici confestim tradidit, ut manibus abscisis atque ante pectus e collo pendentibus, praecedente titulo qui causam poenae indicaret, per coetus epulantium circumduceretur. [5]Murmillonem e ludo rudibus secum battuentem et sponte prostratum confodit ferrea sica ac more uictorum cum palma discucurrit. [6]Admota altaribus uictima succinctus poparum habitu elato alte malleo cultrarium mactauit. [7]Lautiore conuiuio effusus subito in cachinnos, consulibus, qui iuxta cubabant, quidnam rideret blande

XXXI. Il avait même coutume de déplorer ouvertement la malchance de son époque, parce qu'elle n'était marquée par aucune catastrophe publique, le principat d'Auguste ayant eu pour l'illustrer le désastre de Varus, celui de Tibère, l'écroulement de l'amphithéâtre à Fidènes, tandis que le sien était menacé de l'oubli, du fait de sa prospérité ; et il souhaitait à tout instant un massacre de ses armées, une famine, une peste, des incendies, un cataclysme quelconque.

XXXII. Même à ses heures de détente, quand il se livrait au jeu et aux festins, pareille cruauté se retrouvait dans ses actes et dans ses paroles. Souvent, tandis qu'il déjeunait ou se livrait à l'orgie, on procédait en sa présence à des interrogatoires sérieux, en donnant la question, et un soldat, passé maître dans cet art, tranchait la tête à des gens tirés au hasard de leur prison. À Pouzzoles, quand il inaugura le pont qu'il avait imaginé de construire, comme nous l'avons indiqué, il appela auprès de lui une foule de gens placés sur le rivage, puis soudain les fit tous précipiter à la mer, et, comme certains s'accrochaient aux gouvernails des navires, il ordonna de les repousser à coups de gaffes et de rames. À Rome, au cours d'un festin public, un esclave ayant détaché d'un lit une lamelle d'argent, il le livra séance tenante au bourreau, avec ordre de lui couper les mains, de les suspendre à son cou sur sa poitrine, et de le faire circuler parmi les groupes de convives, précédé d'un écriteau indiquant le motif de ce châtiment. Un mirmillon d'une école de gladiateurs, qui s'exerçait à la baguette avec lui, s'étant laissé tomber volontairement, il le perça d'un poignard de fer et se mit à courir en tous sens avec une palme, à la façon des vainqueurs. Un jour, la victime étant devant l'autel, il parut, la toge retroussée à la ceinture, dans la tenue d'un victimaire, éleva bien haut sa massue et immola le sacrificateur. Dans un brillant festin, il se mit tout à coup à rire aux éclats, et comme les consuls, qui se trouvaient à ses

quaerentibus : « Quid », inquit, « nisi uno meo nutu iugulari utrumque uestrum statim posse ? »

XXXIII. [1]Inter uarios iocos, cum assistens simulacro Iouis *Apellen* tragoedum consuluisset uter illi maior uideretur, cunctantem flagellis discidit conlaudans subinde uocem deprecantis quasi etiam in gemitu praedulcem. [2]Quotiens uxoris uel amiculae collum exoscularetur, addebat : « Tam bona ceruix simul ac iussero demetur. » [3]Quin et subinde iactabat « exquisiturum se uel fidiculis de Caesonia sua, cur eam tanto opere diligeret. »

XXXIV. | [1]Nec minore liuore ac malignitate quam superbia saeuitiaque paene aduersus omnis aeui hominum genus grassatus est. [2]Statuas uirorum inlustrium ab Augusto ex Capitolina area propter angustias in campum Martium conlatas ita subuertit atque disiecit, ut restitui saluis titulis non potuerint, uetuitque posthac uiuentium cuiquam usquam statuam aut imaginem nisi consulto et auctore se poni. [3]Cogitauit etiam de Homeri carminibus abolendis, « cur enim sibi non licere » dicens, « quod Platoni licuisset, qui eum e ciuitate quam constituebat eiecerit ? » [4]Sed et Vergilii ac Titi Liui scripta et imagines paulum afuit quin ex omnibus bibliothecis amoueret, quorum alterum ut nullius ingenii minimaeque doctrinae, alterum ut uerbosum in historia neglegentemque carpebat. [5]De iuris quoque consultis, quasi scientiae eorum omnem

côtés, lui demandaient avec douceur pourquoi il riait : « C'est tout simplement, leur répondit-il, à la pensée que d'un signe de tête je puis vous faire égorger tous deux à l'instant. »

XXXIII. Voici quelques-unes de ses plaisanteries. Se plaçant à côté d'une statue de Jupiter, il demanda à l'acteur tragique Apelle lequel des deux lui paraissait le plus grand, et, comme celui-ci hésitait, il le fit déchirer à coups de fouet en louant à plusieurs reprises sa voix suppliante, qu'il trouvait particulièrement douce jusque dans ses gémissements. Chaque fois qu'il baisait le cou de sa femme ou d'une maîtresse, il ajoutait : « Cette tête charmante tombera dès que je l'ordonnerai. » Mieux encore : il répétait souvent « qu'il recourrait même à la torture pour savoir de sa chère Caesonia pourquoi il l'aimait tant ».

XXXIV. Non moins par jalousie haineuse que par orgueil et par cruauté, il s'attaqua presque à tous les hommes de tous les temps. Les statues des personnages illustres qu'Auguste avait fait transporter de la place du Capitole, devenue trop étroite, au Champ de Mars, furent par son ordre abattues et mises en pièces, de sorte que plus tard on ne put les rétablir avec leurs inscriptions entières ; et il interdit de dresser à l'avenir, en quelque lieu que ce fût, la statue ou l'image de n'importe quelle personne encore vivante, sans son avis et son ordre[51]. Il songea même à détruire les poèmes d'Homère : « Pourquoi, disait-il, n'aurais-je pas le droit de faire comme Platon qui l'a banni de sa république ? » Peu s'en fallut même qu'il ne fît enlever de toutes les bibliothèques les écrits et les portraits de Virgile et de Tite-Live, car il reprochait à l'un de n'avoir aucun génie et très peu de science, à l'autre, d'être un historien verbeux et inexact. S'attaquant aussi aux jurisconsultes, il prétendit rendre leur science absolument inutile, et

51. Voir Dion Cassius, LX, 25

usum aboliturus, saepe iactauit se « mehercule effecturum, ne quid respondere possint praeter eum. »

XXXV. [1]Vetera familiarum insignia nobilissimo cuique ademit, Torquato torquem, Cincinnato crinem, CN. Pompeio stirpis antiquae Magni cognomen. [2]Ptolemaeum, de quo rettuli, et arcessitum e regno et exceptum honorifice, non alia de causa repente percussit, quam quod edente se munus ingressum spectacula conuertisse hominum oculos fulgore purpureae abollae animaduertit. [3]Pulchros et comatos, quotiens sibi occurrerent, occipitio raso deturpabat. [4]Erat Esius Proculus patre primipilari, ob egregiam corporis amplitudinem et speciem « Colosseros » dictus ; hunc spectaculis detractum repente et in harenam deductum Thr*a*eci et mox *h*oplomacho comparauit bisque uictorem constringi sine mora iussit et pannis obsitum uicatim circumduci ac mulieribus ostendi, deinde iugulari. [5]Nullus denique tam abiectae condicionis tamque extremae sortis fuit, cuius non commodis obtrectaret. [6]Nemore*n*si regi, quod multos iam annos poteretur sacerdotio, ualidiorem aduersarium subornauit [7]Cum quodam die muneris essedario Porio post prosperam pugnam seruum suum manumittenti studiosius

52. Torquatus, dérivé de *torquis*, collier. Surnom donné à T. Manlius qui avait dépouillé un Gaulois de son collier lors d'un combat singulier.

53. Cincinnatus signifie « cheveux bouclés ». Cette famille restait fière de la beauté de sa chevelure.

proclama souvent : « Par Hercule ! je ferai en sorte qu'ils ne puissent donner aucune réponse, en dehors de moi ! »

XXXV. Il retira aux citoyens les plus nobles les distinctions anciennes de leurs familles, à Torquatus, le collier[52], à Cincinnatus, la chevelure[53], à Cn. Pompée, qui appartenait à cette lignée antique, le surnom de Grand. Quant à Ptolémée, dont j'ai parlé plus haut[54], après l'avoir fait venir de son royaume, puis accueilli avec honneur, il le fit tout à coup mettre à mort, simplement parce qu'il s'aperçut qu'en entrant dans l'amphithéâtre où lui-même donnait un spectacle, il avait attiré tous les regards par l'éclat de son manteau de pourpre. Toutes les fois qu'il rencontrait des gens portant une belle chevelure, il leur faisait raser la tête par-derrière, pour les enlaidir. Il vivait alors un certain Æsius Proculus, fils d'un primipilaire, que sa taille et sa beauté extraordinaires avaient fait surnommer « l'Amour Colosse » : un jour de spectacle, Caligula le fit tout à coup arracher de sa place, traîner dans l'arène et mettre aux prises d'abord avec un Thrace, puis avec un gladiateur armé de toutes pièces, mais, comme il avait été deux fois vainqueur, il ordonna de le garrotter aussitôt, de le promener à travers la ville, tout couvert de haillons, et de le montrer aux femmes, puis de l'égorger. Enfin, il n'y eut personne, même de la condition la plus abjecte et du sort le plus humble, dont il n'enviât les avantages. Comme le grand-prêtre de Diane était depuis de nombreuses années en possession de son sacerdoce, il lui suscita un concurrent plus robuste[55]. Un jour de spectacle, Porius, gladiateur de chars, s'étant fait chaleureusement applaudir pour avoir,

54. Dans le chap. 26.

55. Le prêtre du temple de Diane, près d'Aricie. Il s'agissait d'un esclave fugitif. L'usage était de s'emparer du sacerdoce en tuant son prédécesseur.

plausum esset, ita proripuit *se* spectaculis, ut calcata lacinia togae praeceps per gradus iret, indignabundus et clamitans « dominum gentium populum ex re leuissima plus honoris gladiatori tribuentem quam consecratis principibus aut praesenti sibi. »

XXXVI. | [1]Pudicitiae neque suae neque alienae pepercit. [2]M. Lepidum, Mnesterem pantomimum, quosdam obsides dilexisse fertur commercio mutui stupri. [3]Valerius Catullus, consulari familia iuuenis, stupratum a se ac latera sibi contubernio eius defessa etiam uociferatus est. [4]Super sororum incesta et notissimum prostitutae Pyrallidis amorem non temere ulla inlustriore femina abstinuit. [5]Quas plerumque cum maritis ad cenam uocatas praeterque pedes suos transeuntis diligenter ac lente mercantium more considerabat, etiam faciem manu adleuans, si quae pudore submitterent; quotiens deinde libuisset egressus triclinio, cum maxime placitam seuocasset, paulo post recentibus adhuc lasciuiae notis reuersus uel laudabat palam uel uituperabat, singula enumerans bona malaue corporis atque concubitus. [6]Quibusdam absentium maritorum nomine repudium ipse misit iussitque in acta ita referri.

XXXVII. | [1]Nepotatus sumptibus omnium prodigorum ingenia superauit, commentus nouum balnea-

après une victoire, affranchi son esclave, Caligula se précipita si brusquement hors de l'amphithéâtre, qu'il marcha sur le pan de sa toge et tomba, la tête la première, au milieu des gradins, en clamant son indignation « contre le peuple-roi, qui, pour le motif le plus futile, accordait plus d'honneur à un gladiateur qu'aux empereurs divinisés ou à lui-même, ici présent ».

XXXVI. Il n'épargna ni sa pudeur, ni celle d'autrui. On rapporte que M. Lepidus, Mnester le pantomime[56], et quelques otages furent l'objet de sa passion, et qu'il entretint avec eux un commerce infâme. Valerius Catullus, jeune homme d'une famille consulaire, alla jusqu'à crier qu'il l'avait, lui Catullus, pollué, et qu'il avait les flancs épuisés par ce commerce avec Caligula. Outre ses incestes avec ses sœurs et sa passion bien connue pour la courtisane Pyrallis, parmi les femmes de condition illustre il n'y en eut guère qu'il respecta ; la plupart du temps, il les invitait à dîner avec leurs maris, puis, lorsqu'elles passaient devant lui, il les examinait attentivement, avec lenteur, à la façon des marchands d'esclaves, en leur relevant même la tête avec la main, si elles la baissaient par pudeur ; ensuite, il sortait de la salle à manger autant de fois qu'il lui plaisait, emmenant celle qui avait ses préférences, et quand il revenait, quelque temps après, avec les marques toutes récentes de la débauche, il louait ou critiquait ouvertement, point par point, ce qu'il avait trouvé agréable ou défectueux dans la personne de chacune et dans ses rapports avec lui[57]. Certaines se virent notifier le divorce par lui-même, au nom de leur mari absent, et il ordonna que la chose fût mentionnée dans les actes officiels.

XXXVII. Ses prodigalités surpassèrent tout ce que l'on avait imaginé jusqu'à lui : il inventa une nouvelle

56. Amant de Messaline, tué sur ordre de Claude : *cf.* Dion Cassius, LX, 22 et 31.

57. Voir Sénèque, *De constant. sap.*, 18.

rum usum, portentosissima genera ciborum atque cenarum, ut calidis frigidisque unguentis lauaretur, pretiosissima margarita aceto liquefacta sorberet, conuiuis ex auro panes et obsonia apponeret, « aut frugi hominem esse oportere » dictitans « aut Caesarem. » [2]Quin et nummos non mediocris summae e fastigio basilicae Iuliae per aliquot dies sparsit in plebem. [3]Fabricauit et deceris Liburnicas gemmatis puppibus, uersicoloribus uelis, magna thermarum et porticuum et tricliniorum laxitate magnaque etiam uitium et pomiferarum arborum uarietate, quibus discumbens de die inter choros ac symphonias litora Campaniae peragraret. [4]In extructionibus praetoriorum atque uillarum omni ratione posthabita nihil tam efficere concupiscebat quam quod posse effici negaretur. [5]Et iactae itaque moles infesto ac profundo mari et excisae rupes durissimi silicis et campi montibus aggere aequati et complanata fossuris montium iuga, incredibili quidem celeritate, cum morae culpa capite lueretur. [6]Ac ne singula enumerem, immensas opes totumque illud *Ti.* Caesaris uicies ac septies milies sestertium non toto uertente anno absumpsit.

XXXVIII. | [1]Exhaustus igitur atque egens ad rapinas conuertit animum uario et exquisitissimo calumniarum et auctionum et uectigalium genere. [2]Negabat iure ciuitatem Romanam usurpare eos, quorum maiores

sorte de bains, des mets et des repas d'un prix fabuleux, se baignant dans des essences chaudes et froides, absorbant des perles d'une valeur extraordinaire dissoutes dans du vinaigre, faisant servir à ses invités des pains et des aliments en or, car il répétait sans cesse : « qu'il fallait être économe ou vivre en César. » Bien plus, il dépensa une somme considérable à faire pleuvoir, pendant plusieurs jours, des pièces de monnaie sur le peuple du haut de la basilique Julia. Il fit aussi construire des galères liburniennes à dix rangs de rames, aux poupes ornées de pierres précieuses, aux voiles de couleurs changeantes, où l'on trouvait des thermes, des portiques, des salles à manger d'une grande étendue, voire même diverses sortes de vignes et d'arbres fruitiers ; c'était pour y donner des festins, en plein jour, au milieu des danses et des concerts, en longeant les rivages de la Campanie. Quand il se faisait bâtir des palais ou des maisons de campagne, ce qui primait chez lui toute autre considération, c'était le désir de voir exécuter ce qu'on déclarait irréalisable. C'est ainsi que des digues furent jetées dans une mer orageuse et profonde, que furent taillées les roches les plus dures, que l'on éleva, par des apports de terre, les plaines à la hauteur des montagnes, que l'on nivela de hautes cimes, en creusant les rochers, et, qui plus est, avec une rapidité incroyable, car tout retard était puni de mort. Et, pour ne pas descendre dans le détail, il dévora, en moins d'une année, des sommes énormes et tout ce fameux trésor de Tibère, qui s'élevait à deux milliards sept cents millions de sesterces.

XXXVIII. Ensuite, épuisé et sans ressources, il se tourna vers la rapine, inventant les formes les plus diverses et les plus ingénieuses de chicanes, d'enchères et d'impôts. Il refusait de reconnaître le droit de cité romaine aux descendants des personnes qui l'avaient obtenu pour elles-mêmes et pour leur postérité, à moins

sibi posterisque eam impetrassent, nisi si filii essent, neque enim intellegi debere « posteros » ultra hunc gradum ; prolataque Diuorum Iuli et Augusti diplomata ut uetera et obsoleta deflabat. [3]Arguebat et perperam editos census, quibus postea quacumque de causa quicquam incrementi accessisset. [4]Testamenta primipilarium, qui ab initio Tiberi principatus neque illum neque se heredem reliquissent, ut ingrata rescidit ; item ceterorum ut irrita et uana, quoscumque quis diceret herede Caesare mori destinasse. [5]Quo metu iniecto cum iam et ab ignotis inter familiares et a parentibus inter liberos palam heres nuncuparetur, derisores uocabat, quod post nuncupationem uiuere perseuerarent, et multis uenenatas matteas misit. [6]Cognoscebat autem de talibus causis, taxato prius modo summae ad quem conficiendum consideret, confecto demum excitabatur. [7]Ac ne paululum quidem morae patiens super quadraginta reos quondam ex diuersis criminibus una sententia condemnauit gloriatusque est expergefacta e somno Caesonia « quantum egisset, dum ea meridiaret. » | [8]Auctione proposita reliquias omnium spectaculorum subiecit ac uenditauit, exquirens per se pretia et usque eo extendens, ut quidam immenso coacti quaedam emere ac bonis exuti uenas sibi inciderent. [9]Nota res est, Aponio Saturnino inter subsellia dormitante, monitum a

qu'il ne s'agît de leurs fils, car il prétendait que le mot postérité devait s'entendre seulement de la première génération ; quand on lui présentait des brevets[58] accordés par le divin Jules ou par le divin Auguste, il en faisait fi, les considérant comme trop anciens et périmés. Il attaquait aussi pour déclaration inexacte les gens dont la fortune s'était accrue depuis le dernier recensement, pour n'importe quelle raison et dans quelque proportion que ce fût. Il annula, sous prétexte d'ingratitude, les testaments des centurions primipilaires, morts depuis le début du principat de Tibère, qui n'avaient rien légué, soit à cet empereur, soit à lui-même ; de même, sous prétexte de nullité, ceux des autres citoyens qui, d'après la déclaration d'une personne quelconque, avaient eu l'intention de tester en faveur de César. Quand il eut ainsi jeté l'alarme, des inconnus se mirent à le désigner publiquement comme héritier, au même titre que leurs amis, et des parents, au même titre que leurs enfants, mais il les traitait de mauvais plaisants, sous prétexte qu'ils s'obstinaient à vivre après cette déclaration, et il fit envoyer à beaucoup d'entre eux des friandises empoisonnées. Il instruisait lui-même les procès de ce genre, et, fixant d'abord la somme qu'il voulait en tirer, il ne se levait qu'après l'avoir obtenue. Incapable de supporter même le plus léger retard, certain jour il condamna par un seul arrêt plus de quarante personnes accusées à des titres divers, et, quand Caesonia se fut réveillée, il lui vanta « l'énorme besogne qu'il avait faite pendant sa méridienne ». Ayant annoncé un encan, il exposa et fit vendre ce qui restait de tous les spectacles, fixant lui-même les prix et poussant les enchères si haut que certaines personnes, forcées d'acheter tel ou tel lot à des prix exorbitants et dépouillées de leurs biens, s'ouvrirent les veines. Tout le monde connaît l'aventure d'Aponius Saturninus : comme il sommeillait sur un

58. Lettres par lesquelles un magistrat accordait des faveurs.

Gaio praeconem ne praetorium uirum crebro capitis motu nutantem sibi praeteriret, nec licendi finem factum, quoad tredecim gladiatores sestertium nonagies ignoranti addicerentur.

XXXIX. [1]In Gallia quoque, cum damnatarum sororum ornamenta et supellectilem et seruos atque etiam liber*t*os immensis pretiis uendidisset, inuitatus lucro, quidquid instrumenti ueteris aulae erat ab urbe repetiit, comprensis ad deportandum meritoriis quoque uehiculis et pistrinensibus iumentis, adeo ut et panis Romae saepe deficeret et litigatorum plerique, quod occurrere absentes ad uadimonium non possent, causa caderent. [2]Cui instrumento distrahendo nihil non fraudis ac lenocinii adhibuit, modo auaritiae singulos increpans et quod non puderet eos locupletiores esse quam se, modo paenitentiam simulans quod principalium rerum priuatis copiam faceret. [3]Compererat prouincialem locupletem ducenta sestertia numerasse uocatoribus, ut per fallaciam conuiuio interponeretur, nec tulerat moleste tam magno aestimari honorem cenae suae; huic postero die sedenti in auctione misit, qui nescio quid friuoli ducentis milibus traderet diceretque cenaturum apud Caesarem uocatu ipsius.

XL. | [1]Vectigalia noua atque inaudita primum per publicanos, deinde, quia lucrum exuberabat, per centuriones tribunosque praetorianos exercuit, nullo rerum aut hominum genere omisso, cui non tributi aliquid

banc, Gaius avertit le crieur de ne pas oublier cet ancien préteur qui, par de fréquents signes de tête, acceptait ses enchères, et l'on ne mit fin à la vente qu'après lui avoir adjugé, à son insu, treize gladiateurs au prix de neuf millions de sesterces.

XXXIX. De même, comme il avait vendu en Gaule[59], à des prix énormes, les parures, le mobilier, les esclaves et même les affranchis de ses sœurs, après leur condamnation, séduit par l'appât du gain, il fit venir de Rome tout le matériel de l'ancienne cour, en réquisitionnant pour le transport même les voitures de louage et les chevaux de meuniers, si bien que Rome fut souvent privée de pain et que nombre de plaideurs furent déboutés, faute d'avoir pu se rendre à l'assignation[60]. Pour se défaire de ce matériel, il n'est sorte de ruse ni de cabotinage à laquelle il n'eut recours : tantôt il reprochait tour à tour aux assistants d'être des avares et de n'avoir pas honte d'être plus riches que lui, tantôt il se prétendait désolé d'offrir un matériel de prince à de simples particuliers. Il avait appris qu'un riche provincial avait compté deux cent mille sesterces à ses majordomes pour être admis en contrebande à l'un de ses festins, et n'avait pas trouvé mauvais que l'on prisât si haut l'honneur de dîner à sa table ; le lendemain, voyant ce personnage assister à un encan, il lui fit adjuger une bagatelle quelconque pour deux cent mille sesterces, et lui envoya dire qu'il dînerait avec César, sur son invitation personnelle.

XL. Il fit percevoir des impôts de forme entièrement nouvelle, d'abord par les fermiers publics, puis, comme leur rendement était énorme, par les centurions et les tribuns des cohortes prétoriennes, car il n'y eut pas une seule catégorie d'objets ni de personnes qu'il ne frappât

59. D'après Dion Cassius, LIX, 21, en 39.

60. Le plaideur qui ne répondait pas à l'assignation perdait *ipso facto* sa cause.

imponeret. [2]Pro edulibus, quae tota urbe uenirent, certum statumque exigebatur; pro litibus ac iudiciis ubicumque conceptis quadragesima summae, de qua litigaretur, nec sine poena, si quis composuisse uel donasse negotium conuinceretur; ex gerulorum diurnis quaestibus pars octaua; ex capturis prostitutarum quantum quaeque uno concubitu mereret; additumque ad caput legis, ut tenerentur publico et quae meretricium quiue lenocinium fecissent, nec non et matrimonia obnoxia essent.

XLI. [1]Eius modi uectigalibus indictis neque propositis, cum per ignorantiam scripturae multa commissa fierent, tandem flagitante populo proposuit quidem legem, sed et minutissimis litteris et angustissimo loco, uti ne cui describere liceret. [2]Ac ne quod non manubiarum genus experiretur, lupanar in Palatio constituit, districtisque et instructis pro loci dignitate compluribus cellis, in quibus matronae ingenuique starent, misit circum fora et basilicas nomenculatores ad inuitandos ad libidinem iuuenes senesque; praebita aduenientibus pecunia faenebris appositique qui nomina palam subnotarent, quasi adiuuantium Caesaris reditus. [3]Ac ne ex lusu quidem aleae compendium spernens plus mendacio atque etiam periurio lucrabatur. Et quondam proximo conlusori demandata uice sua progressus in atrium domus, cum praetereuntis duos equites R. locupletis sine mora corripi

61. Sous-entendu pour avoir calculé que, du fait de l'impôt, le jeu n'en valait pas la chandelle

de quelque taxe. Sur les comestibles vendus dans toute la ville, on percevait des droits rigoureusement déterminés ; sur les procès et les jugements intentés ou rendus en n'importe quel lieu, on prélevait le quarantième de la somme en litige et l'on prévoyait une sanction contre quiconque serait convaincu d'avoir transigé ou renoncé à une affaire[61] ; les portefaix durent verser le huitième de leur gain journalier ; les courtisanes, ce que chacune retirait d'une visite ; et, à l'article de la loi (concernant celles-ci) on ajouta que cet impôt frappait aussi les femmes ayant fait métier de courtisanes ou les hommes ayant servi d'entremetteurs, et que même les personnes mariées y étaient soumises.

XLI. Comme les impôts de ce genre avaient été annoncés, mais non affichés, il y eut beaucoup d'infractions à la loi, parce qu'on en ignorait le texte, et, sur les réclamations du peuple, Caligula la fit enfin afficher, mais en lettres toutes petites et dans un endroit très resserré, de façon que personne ne pût en prendre copie. Ne voulant négliger aucune sorte de trafic, il installa au Palatium un lieu de plaisir[62], où, dans un grand nombre de cellules séparées les unes des autres et meublées suivant la majesté de cette demeure, se tenaient des matrones et des jeunes garçons de naissance libre, puis il envoya ses nomenclateurs[63] parcourir les places et les basiliques pour inviter à la débauche jeunes gens et vieillards ; on consentait aux visiteurs des prêts usuraires, et des agents notaient publiquement leurs noms, parce qu'ils contribuaient à augmenter les revenus de l'empereur. Il ne méprisait pas non plus les profits du jeu, mais il gagnait surtout par le mensonge et même le parjure ; un jour, ayant chargé son voisin de jouer à sa place, il se dirigea vers l'atrium du palais et vit passer deux riches

62. Voir Dion Cassius, LIX, 28.

63. Un esclave nomenclateur avait pour rôle d'annoncer les visiteurs et de leur indiquer leurs places.

confiscarique iussisset, exultans rediit gloriansque « numquam se prosperiore alea usum. »

XLII. | [1]Filia uero nata paupertatem nec iam imperatoria modo sed et patria conquerens onera conlationes in alimonium ac dotem puellae recepit. [2]Edixit et strenas ineunte anno se recepturum stetitque in uestibulo aedium *Kal.* Ian. ad captandas stipes, quas plenis ante cum manibus ac sinu omnis generis turba fundebat. [3]Nouissime contrectandae pecuniae cupidine incensus, saepe super immensos aureorum aceruos patentissimo diffusos loco et nudis pedibus spatiatus et toto corpore aliquandiu uolutatus est.

XLIII. | [1]Militiam resque bellicas semel attigit neque ex destinato, sed cum ad uisendum nemus flumenque Clitumni Meuaniam processisset, admonitus de supplendo numero Batauorum, quos circa se habebat, expeditionis Germanicae impetum cepit; [2]neque distulit, sed legionibus et auxiliis undique excitis, dilectibus ubique acerbissime actis, contracto et omnis generis commeatu quanto numquam antea, iter ingressus est confecitque modo tam festinanter et rapide, ut praetorianae cohortes contra morem signa iumentis imponere et ita subsequi cogerentur, interdum adeo segniter et delicate, ut octaphoro ueheretur atque a propinquarum urbium plebe uerri sibi uias et conspergi propter puluerem exigeret.

64. Épisode que Dion Cassius, LIX, 22, situe en Gaule.

65. *Cf.* chap. 25.

66. Actuelle Bevagna, au confluent du Clitumne et de la Tinia.

chevaliers romains : il ordonna de les arrêter sur-le-champ et de confisquer leurs biens, puis il revint tout joyeux, en se vantant de n'avoir jamais eu plus de chance aux dés[64].

XLII. Lorsqu'il lui naquit une fille[65], il se plaignit d'être pauvre, d'avoir désormais, outre ses charges d'empereur, celles d'un père, et recueillit des offrandes pour l'entretien et la dot de l'enfant. Il annonça même par un édit qu'il accepterait des étrennes au début de l'année, et, pour les calendes de janvier, il se tint dans le vestibule de son palais, afin de recevoir l'argent qu'une foule de personnes de toute classe répandaient devant lui à pleines mains et à pleine toge. Enfin, embrasé du désir d'être en contact avec l'or, souvent il se promena pieds nus sur d'énormes tas de pièces étalés dans un local très vaste et se roula tout entier sur elles pendant longtemps.

XLIII. Il ne se mêla de guerre et d'entreprises militaires qu'une seule fois, et ce ne fut point à la suite d'une décision réfléchie, mais, un jour qu'il était allé jusqu'à Mévania[66] pour voir le bois et le fleuve du Clitumne[67], comme on lui parlait de compléter l'effectif de sa garde batave, il lui vint l'idée d'entreprendre une expédition contre les Germains ; sans différer, il fit venir de partout légions et corps auxiliaires, recruter dans tout l'empire avec la plus grande rigueur, et même rassembler des approvisionnements de tout genre, tels qu'on n'en avait jamais vu, puis il se mit en route ; tantôt sa marche était si rapide et précipitée que les cohortes prétoriennes devaient, pour pouvoir le suivre, mettre leurs enseignes sur des bêtes de somme, contrairement à l'usage, tantôt elle devenait si nonchalante et si molle qu'il voyageait dans une litière à huit porteurs et faisait balayer puis arroser les routes par la plèbe des villes voisines, pour éviter la poussière.

67. Fleuve de l'Ombrie célèbre par la pureté de ses eaux. Voir Virgile, *Géorg.*, II, 145-147.

XLIV. | [1]Postquam castra attigit, ut se acrem ac seuerum ducem ostenderet, legatos, qui auxilia serius ex diuersis locis adduxerant, cum ignominia dimisit; at in exercitu recensendo plerisque centurionum maturis iam et nonnullis ante paucissimos quam consummaturi essent dies, primos pilos ademit, causatus senium cuiusque et imbecillitatem; ceterorum increpita cupiditate commoda emeritae militiae ad † sescentorum milium summam recidit. [2]Nihil autem amplius quam Adminio Cynobellini Britannorum regis filio, qui pulsus a patre cum exigua manu transfugerat, in deditionem recepto, quasi uniuersa tradita insula, magnificas Romam litteras misit, monitis speculatoribus, ut uehiculo ad forum usque et curiam pertenderent nec nisi in aede Martis ac frequente senatu consulibus traderent.

XLV. | [1]Mox deficiente belli materia paucos de custodia Germanos traici occulique trans Rhenum iussit ac sibi post prandium quam tumultuosissime adesse hostem nuntiari. [2]Quo facto proripuit se cum amicis et parte equitum praetorianorum in proximam siluam, truncatisque arboribus et in modum tropaeorum adornatis ad lumina reuersus, eorum quidem qui secuti non essent timiditatem et ignauiam corripuit, comites autem et participes uictoriae nouo genere ac nomine coronarum donauit, quas distinctas solis ac lunae siderumque specie exploratorias appellauit. [3]Rursus obsides

68. Autrement dit, des chefs de légions, anciens préteurs, qui agissaient en qualité de *délégués* de l'empereur.

69. Auguste avait fixé à 12 000 sesterces la prime de retraite après vingt ans de service.

XLIV. Dès son arrivée au camp, pour se donner des airs de chef vigilant et rigoureux, il renvoya, en les dégradant, des légats[68] qui avaient amené trop tard les auxiliaires de différents pays ; puis, passant en revue son armée, il cassa, sous prétexte de sénilité et de faiblesse, la plupart des centurions primipiles, officiers déjà mûrs et dont quelques-uns même n'avaient plus que quelques jours de service à faire ; quant aux autres, les accusant de cupidité, il réduisit à *six mille* sesterces leur prime de retraite[69]. Ensuite, après avoir, pour tout exploit, reçu la soumission d'Adminius, le fils de Cynobellinus, roi des Bretons, qui, chassé par son père, s'était réfugié auprès de lui avec une faible suite, il écrivit à Rome une lettre pompeuse, comme s'il avait subjugué l'île tout entière[70], et enjoignit à ses courriers de ne descendre de voiture que sur le forum et devant la curie, et de ne remettre son message aux consuls que dans le temple de Mars[71] en présence des sénateurs assemblés en nombre.

XLV. Ensuite, ne sachant contre qui se battre, il enjoignit à quelques Germains de sa garde de franchir le Rhin et de se cacher, puis ordonna qu'après son déjeuner on vint dans la plus vive alarme lui annoncer la présence de l'ennemi. Recevant cette nouvelle, il se précipita, suivi de ses amis et d'une partie de la cavalerie prétorienne, dans la forêt voisine, ordonna de couper des arbres et de les disposer en forme de trophées, puis, étant revenu à la lueur des torches, il traita de poltrons et de lâches ceux qui ne l'avaient pas suivi, tandis qu'il décernait à ses compagnons, à ceux qui avaient participé à sa victoire, des couronnes d'une espèce et d'une dénomination toutes nouvelles, ornées de soleils, de lunes et d'étoiles, qu'il appela « couronnes exploratoires ». Une

70. Voir Dion Cassius, LIX, 21.

71. Temple de Mars Vengeur, construit par Auguste ; voir Suétone, *Aug.*, 29.

quosdam abductos e litterario ludo clamque praemissos, deserto repente conuiuio, cum equitatu insecutus ueluti profugos ac reprehensos in catenis reduxit; in hoc quoque mimo praeter modum intemperans, repetita cena renuntiantis coactum agmen sic ut erant loricatos ad discumbendum adhortatus est. [4]Monuit etiam notissimo Vergilii uersu « durarent secundisque se rebus seruarent. » | [5]Atque inter haec absentem senatum populumque grauissimo obiurgauit edicto, quod « Caesare proeliante et tantis discriminibus obiecto tempestiua conuiuia, circum et theatra et amoenos secessus celebrarent. »

XLVI. Postremo quasi perpetraturus bellum, derecta acie in litore Oceani ac ballistis machinisque dispositis, nemine gnaro aut opinante quidnam coepturus esset, repente ut conchas legerent galeasque et sinus replerent imperauit, « spolia Oceani » uocans « Capitolio Palatioque debita », et in indicium uictoriae altissimam turrem excitauit, ex qua ut Pharo noctibus ad regendos nauium cursus ignes emicarent; pronuntiatoque militi donatiuo centenis uiritim denariis, quasi omne exemplum liberalitatis supergressus : « Abite, » inquit, « laeti, abite locupletes. »

XLVII. | [1]Conuersus hinc ad curam triumphi, praeter captiuos ac transfugas barbaros Galliarum quoque procerissimum quemque et, ut ipse dicebat, « ἀξιοθριάμ-

seconde fois, il fit partir en cachette quelques otages, tirés d'une école élémentaire, et, quittant soudain la table, il les poursuivit avec de la cavalerie, comme des fugitifs, les arrêta et les ramena couverts de chaînes ; dans cette comédie encore, il dépassa toute mesure, car, une fois revenu à table, quand ses officiers vinrent lui annoncer que les troupes étaient rassemblées, il les pria de dîner avec lui, comme ils étaient, avec leurs cuirasses ; il les invita même, en leur citant le vers bien connu de Virgile : « à tenir bon et à se conserver pour les jours heureux[72] ». Sur ces entrefaites, il adressa de loin au sénat et au peuple un édit plein de sévérité, où il leur reprochait « de banqueter à des heures indues, d'aller au cirque, dans les théâtres et dans des retraites charmantes, pendant que César combattait en s'exposant à de terribles dangers ».

XLVI. Enfin, comme pour terminer la guerre, il fit déployer ses troupes, disposer balistes et machines sur le rivage de l'Océan, sans que personne connût ou devinât ses intentions, puis, tout à coup, il ordonna de ramasser des coquillages, d'en remplir les casques et les vêtements : « Ce sont là, dit-il, les dépouilles de l'Océan, que nous devons au Capitole et au Palatium » ; il fit aussi construire, en souvenir de sa victoire, une tour très élevée, où des feux devaient briller toutes les nuits, comme sur celle du Phare[73], pour éclairer la route des navires ; et, après avoir annoncé aux soldats une récompense de cent deniers par tête, il leur dit, comme s'il avait fait preuve d'une générosité sans exemple : « Partez, partez joyeux et riches. »

XLVII. Il se mit ensuite à s'occuper de son triomphe ; outre les prisonniers et les transfuges barbares, il fit aussi choisir dans les Gaules et réserver pour le cortège tous les hommes les plus grands et, suivant sa propre

72. Virgile, *Én.*, I, 207.

73. Celui d'Alexandrie.

θευτον », ac nonnullos ex principibus legit ac seposuit ad pompam coegitque non tantum rutilare et summittere comam, sed et sermonem Germanicum addiscere et nomina barbarica ferre. [2]Praecepit etiam triremis, quibus introierat Oceanum, magna ex parte itinere terrestri Romam deuehi. [3]Scripsit et procuratoribus, « triumphum appararent quam minima summa, sed quantus numquam alius fuisset, quando in omnium hominum bona ius haberent. »

XLVIII. | [1]Prius quam prouincia decederet, consilium iniit nefandae atrocitatis legiones, quae post excessum Augusti seditionem olim mouerant, contrucidandi, quod et patrem suum Germanicum ducem et se infantem tunc obsedissent, uixque a tam praecipiti cogitatione reuocatus, inhiberi nullo modo potuit quin decimare uelle perseueraret. [2]Vocatas itaque ad contionem inermes, atque etiam gladiis depositis, equitatu armato circumdedit. [3]Sed cum uideret suspecta re plerosque dilabi ad resumenda, si qua uis fieret, arma, profugit contionem confestimque urbem [omnem] petit, deflexa omni acerbitate in senatum, cui ad auertendos tantorum dedecorum rumores palam minabatur, querens inter cetera fraudatum se iusto triumpho, cum ipse paulo ante, ne quid de honoribus suis ageretur, etiam sub mortis poena denuntiasset.

XLIX. [1]Aditus ergo in itinere a legatis amplissimi ordinis ut maturaret orantibus, quam maxima uoce : « Veniam », inquit, « ueniam, et hic mecum », capulum gladii crebro uerberans, quo cinctus erat. [2]Edixit et « reuerti se, sed iis tantum qui optarent, equestri

expression « les plus dignes d'un triomphe », dont certains appartenaient à la noblesse du pays, puis il les obligea non seulement à teindre en rouge et à laisser tomber leur chevelure, mais encore à étudier la langue des Germains et à prendre des noms barbares. Il alla jusqu'à ordonner que les trirèmes qui l'avaient mené sur l'Océan fussent transportées à Rome, autant que possible par la voie de terre. De plus, il écrivit aux intendants du fisc « de lui préparer le triomphe le moins coûteux et toutefois le plus brillant que l'on eût jamais vu, puisqu'ils pouvaient disposer des biens de tous ».

XLVIII. Avant de quitter la province, il forma un projet d'une atrocité abominable, celui de massacrer les légions qui s'étaient révoltées autrefois, après la mort d'Auguste, parce qu'elles avaient alors tenu assiégé son père Germanicus, leur général, et lui-même, encore tout enfant ; on eut grand-peine à le faire revenir d'une pareille folie, mais rien ne put le faire renoncer à vouloir les décimer. Il les fit donc venir à l'assemblée sans armes et même sans glaives, puis les entoura de cavaliers armés. Toutefois, lorsqu'il vit que la plupart des soldats, soupçonnant ses intentions, s'échappaient pour reprendre leurs armes, afin de se défendre en cas de violence, il s'enfuit de l'assemblée et partit aussitôt pour Rome, reportant toute sa fureur sur le sénat, qu'il menaçait ouvertement, pour faire diversion à des bruits si honteux ; entre autres griefs, il se plaignait d'avoir été frustré d'un triomphe complet, quoique lui-même eût, peu de temps auparavant, interdit, et cela sous peine de mort, toute délibération sur les honneurs à lui décerner.

XLIX. Aussi, recevant en cours de route les délégués du sénat qui le prièrent de hâter son retour, il leur répondit de sa voix la plus forte : « J'arriverai, oui, j'arriverai, et celui-ci avec moi », en frappant plusieurs fois la poignée du glaive qu'il portait à la ceinture. Il proclama en outre par un édit « qu'il revenait, mais seulement pour ceux qui souhaitaient son retour, c'est-à-

ordini et populo ; nam se neque ciuem neque principem senatui amplius fore. » ³Vetuit etiam quemquam senatorum sibi occurrere. ⁴Atque omisso uel dilato triumpho ouans urbem natali suo ingressus est ; intraque quartum mensem periit, ingentia facinora ausus et aliquanto maiora moliens, siquidem proposuerat Antium, deinde Alexandream commigrare interempto prius utriusque ordinis electissimo quoque. ⁵Quod ne cui dubium uideatur, in secretis eius reperti sunt duo libelli diuerso titulo : alteri « gladius », alteri « pugio » index erat ; ambo nomina et notas continebant morti destinatorum. ⁶Inuenta et arca ingens uariorum uenenorum plena, quibus mox a Claudio demersis infecta maria traduntur non sine piscium exitio, quos enectos aestus in proxima litora eiecit.

L. | ¹Statura fuit eminenti, colore expallido, corpore enormi, gracilitate maxima ceruicis et crurum, oculis et temporibus concauis, fronte lata et torua, capillo raro at circa uerticem nullo, hirsutus cetera. ²Quare transeunte eo prospicere ex superiore parte aut omnino quacumque de causa capram nominare, criminosum et exitiale habebatur. ³Vultum uero natura horridum ac taetrum etiam ex industria efferabat, componens ad speculum in omnem terrorem ac formidinem. | ⁴Valitudo ei neque corporis neque animi constitit. Puer comitiali morbo uexatus, in adulescentia ita patiens

dire pour l'ordre équestre et pour le peuple, car désormais il ne serait plus ni un concitoyen, ni un prince pour les sénateurs ». Il défendit même qu'aucun d'entre eux vînt à sa rencontre, et, renonçant au triomphe ou le remettant à plus tard, il entra dans Rome avec les honneurs de l'ovation, le jour anniversaire de sa naissance ; il périt moins de quatre mois après, méditant des crimes encore beaucoup plus affreux que tous ceux dont il avait osé se rendre coupable, car il avait résolu de se transporter d'abord à Antium, puis à Alexandrie, après avoir mis à mort tous les membres les plus éminents des deux ordres[74]. Ajoutons, pour que personne ne puisse douter de la chose, qu'on trouva dans ses papiers secrets deux écrits intitulés différemment, l'un ayant pour titre « le glaive », et l'autre, « le poignard » ; tous deux indiquaient les noms et les crimes des personnes qu'il destinait à la mort. On découvrit aussi un énorme coffre rempli de poisons variés, et Claude les ayant peu après fait jeter à la mer, celle-ci en fut, dit-on, infectée et le flux rejeta sur les rivages voisins des poissons morts.

L. Caligula avait la taille haute, le teint livide, le corps mal proportionné, le cou et les jambes tout à fait grêles, les yeux enfoncés et les tempes creuses, le front large et mal conformé, les cheveux rares, le sommet de la tête chauve, le reste du corps velu ; aussi, lorsqu'il passait, était-ce un crime capital de regarder au loin et de haut ou simplement de prononcer le mot chèvre, pour quelque raison que ce fût. Quant à son visage, naturellement affreux et repoussant, il s'efforçait de le rendre plus horrible encore, en étudiant devant son miroir tous les jeux de physionomie capables d'inspirer la terreur et l'effroi. Sa santé ne fut bien équilibrée ni au physique ni au moral. Sujet à des attaques d'épilepsie durant son enfance, il était, une fois adolescent, assez résistant à la

74. Sénèque, *De ira*, III, 19, affirme qu'il aurait pensé à massacrer le sénat tout entier.

laborum erat, ut tamen nonnumquam subita defectione ingredi, stare, colligere semel ac sufferre uix posset. [5]Mentis ualitudinem et ipse senserat ac subinde de secessu deque purgando cerebro cogitauit. [6]Creditur potionatus a Caesonia uxore amatorio quidem medicamento, sed quod in furorem uerterit. [7]Incitabatur insomnio maxime ; neque enim plus quam tribus nocturnis horis quiescebat ac ne iis quidem placida quiete, sed pauida miris rerum imaginibus, ut qui inter ceteras pelagi quondam speciem conloquentem secum uidere uisus sit. [8]Ideoque magna parte noctis uigiliae cubandique taedio nunc toro residens, nunc per longissimas porticus uagus inuocare identidem atque expectare lucem consuerat.

LI. | [1]Non inmerito mentis ualitudini attribuerim diuersissima in eodem uitia, summam confidentiam et contra nimium metum. [2]Nam qui deos tanto opere contemneret, ad minima tonitrua et fulgura coniuere, caput obuoluere, ad uero maiora proripere se e strato sub lectumque condere solebat. [3]Peregrinatione quidem Siciliensi irrisis multum locorum miraculis repente a Messana noctu profugit Aetnaei uerticis fumo ac murmure pauefactus. [4]Aduersus barbaros quoque minacissimus, cum trans Rhenum inter angustias densumque agmen iter essedo faceret, dicente quodam non mediocrem fore consternationem sicunde hostis appa-

75. Voir Juvénal, VI, 616.
76. Voir le chap. 24.

fatigue, mais quelquefois, cependant, pris d'une subite défaillance, il pouvait à peine marcher, se tenir debout, revenir à lui et se soutenir. Quant à son désordre mental, lui-même s'en était aperçu, et plus d'une fois il projeta de se retirer pour se dégager le cerveau. On croit que sa femme Caesonia lui fit prendre un philtre, et que celui-ci le rendit fou[75]. Il souffrait tout particulièrement de l'insomnie, car il ne dormait pas plus de trois heures par nuit ; encore ce repos n'était-il pas complet, mais troublé par des visions étranges : une fois, entre autres, il rêva qu'il s'entretenait avec le fantôme de la mer. Aussi, d'ordinaire, pendant une grande partie de la nuit, las de veiller et d'être couché, tantôt il restait assis sur son lit, tantôt il errait à travers d'immenses portiques, ne cessant d'attendre et d'invoquer le jour.

LI. J'expliquerais volontiers par son désordre mental ce fait qu'il unissait en lui deux vices absolument opposés, une insolence extrême et, d'autre part, une poltronnerie excessive. Lui qui avait pour les dieux un si profond mépris fermait les yeux et s'enveloppait la tête au moindre éclair ou coup de tonnerre, et si l'orage redoublait, il s'élançait de sa couche et se cachait sous son lit. Lors d'un voyage en Sicile[76], après s'être bien moqué des superstitions du pays, il s'enfuit tout à coup de Messine, en pleine nuit, épouvanté par la fumée et les grondements qui s'échappaient du cratère de l'Etna. De même, en dépit de toutes ses fanfaronnades à l'adresse des barbares[77], un jour qu'il traversait en voiture, au-delà du Rhin, un défilé où les troupes se pressaient, quelqu'un déclarant qu'une apparition subite de l'ennemi provoquerait une bousculade épouvantable, il monta

77. *Cf.* Tacite, *Germ.*, 37, qui décrit lui aussi comme une mascarade l'expédition organisée en 40 par Caligula.

reat, equum ilico conscendit ac propere *re*uersus ad pontes, ut eos calonibus et impedimentis stipatos repperit, impatiens morae per manus ac super capita hominum translatus est. [5]Mox etiam audita rebellione Germaniae fugam et subsidia fugae classes apparabat, uno solacio adquiescens, transmarinas certe sibi superfuturas prouincias, si uictores Alpium iuga, ut Cimbri, uel etiam urbem, ut Senones quondam, occuparent; unde credo percussoribus eius postea consilium natum apud tumultuantes milites ementiendi, ipsum sibi manus intulisse nuntio malae pugnae perterritum.

LII. | [1]Vestitu calciatuque et cetero habitu neque patrio neque ciuili, ac ne uirili quidem ac denique humano semper usus est. [2]Saepe depictas gemmatasque indutus paenulas, manuleatus et armillatus in publicum processit, aliquando sericatus et cycladatus, ac modo in crepidis uel coturnis, modo in speculatoria caliga, nonnumquam socco muliebri; plerumque uero aurea barba, fulmen tenens aut fuscinam aut caduceum deorum insignia, atque etiam Veneris cultu conspectus est. [3]Triumphalem quidem ornatum etiam ante expeditionem assidue gestauit, interdum et Magni Alexandri thoracem repetitum e conditorio eius.

LIII. | [1]Ex disciplinis liberalibus minimum eruditioni, eloquentiae plurimum attendit, quantumuis facundus et promptus, utique si perorandum in aliquem esset. [2]Irato et uerba et sententiae suppetebant, pronuntiatio quoque et uox ut neque eodem loci

aussitôt à cheval et se hâta de revenir vers les ponts, mais, les trouvant encombrés par les valets d'armée et les chariots du train, dans son impatience il se fit porter à ras sur l'autre rive, par-dessus les têtes. Plus tard même, à la nouvelle que la Germanie reprenait les armes, il se disposait à s'enfuir et tenait des vaisseaux tout prêts, trouvant sa seule consolation dans la pensée qu'il lui resterait du moins les provinces d'outre-mer, si les Germains une fois vainqueurs occupaient les cimes des Alpes, comme autrefois les Cimbres, ou même Rome, comme les Sénons ; c'est là, je crois, ce qui inspira plus tard à ses assassins l'idée de faire croire aux soldats prêts à se révolter, que, pris d'épouvante à la nouvelle d'une défaite, il s'était tué de sa propre main.

LII. Ses vêtements, sa chaussure et sa tenue en général ne furent jamais dignes d'un Romain, ni d'un citoyen, ni même de son sexe, ni, pour tout dire, d'un être humain. Souvent, il parut en public avec des manteaux brodés, couverts de pierres précieuses, une tunique à manches et des bracelets[78] ; de temps à autre, vêtu de soie, avec une robe bordée d'or ; ayant aux pieds tantôt des sandales ou des cothurnes, tantôt des bottines de courrier, ou parfois des brodequins de femme ; très souvent on le vit avec une barbe dorée, tenant en main les attributs des dieux, le foudre, le trident ou le caducée, et même costumé en Vénus. Quant aux insignes du triomphe, il les porta de façon courante, même avant son expédition, parfois avec la cuirasse d'Alexandre le Grand, qu'il avait fait tirer de son tombeau.

LIII. En ce qui concerne les études libérales, il s'attacha très peu à la culture littéraire, mais au plus haut degré à l'éloquence, ayant la parole on ne peut plus abondante et facile, surtout quand il lui fallait discourir contre quelqu'un. La colère lui fournissait les mots et les idées, influait même sur sa prononciation et sur sa voix,

78. *Cf.* Sénèque, *De constant. sap.*, 18.

prae ardore consisteret et exaudiretur a procul stantibus. [3]Peroraturus « stricturum se lucubrationis suae telum » minabatur, lenius comptiusque scribendi genus adeo contemnens, ut Senecam tum maxime placentem « commissiones meras » componere et « harenam esse sine calce » diceret. [4]Solebat etiam prosperis oratorum actionibus rescribere et magnorum in senatu reorum accusationes defensionesque meditari ac, prout stilus cesserat, uel onerare sententia sua quemque uel subleuare, equestri quoque ordine ad audiendum inuitato per edicta.

LIV. | [1]Sed et aliorum generum artes studiosissime et diuersissimas exercuit. [2]Thraex et auriga, idem cantor atque saltator, battuebat pugnatoriis armis, aurigabat exstructo plurifariam circo ; canendi ac saltandi uoluptate ita efferebatur, ut ne publicis quidem spectaculis temperaret quo minus et tragoedo pronuntianti concineret et gestum histrionis quasi laudans uel corrigens palam effingeret. [3]Nec alia de causa uidetur eo die, quo periit, peruigilium indixisse quam ut initium in scaenam prodeundi licentia temporis auspicaretur. [4]Saltabat autem nonnumquam etiam noctu ; et quondam tres consulares secunda uigilia in Palatium accitos multaque et extrema metuentis super pulpitum conlocauit, deinde repente magno tibiarum et scabellorum crepitu cum palla tunicaque talari prosiluit ac desaltato cantico abiit. [5]Atque hic tam docilis ad cetera natare nesciit.

de sorte que dans le feu du discours il ne pouvait tenir en place et se faisait entendre des personnes les plus éloignées. Avant de prononcer un discours, il déclarait sur un ton comminatoire « qu'il allait brandir les traits de ses veilles », méprisant à tel point le style trop choisi et trop orné, qu'il reprochait aux ouvrages de Sénèque, l'auteur alors le plus en vogue, « d'être de pures tirades théâtrales » et « comme du sable sans chaux ». Il avait même coutume de composer des réponses aux discours des orateurs qui avaient triomphé, de préparer l'accusation et la défense des personnages importants accusés devant le sénat, puis, selon ce que rendait sa plume, de parler pour ou contre eux, et dans ces occasions il invitait par édit même les chevaliers à venir l'entendre.

LIV. Mais, en outre, il s'adonna passionnément à des arts d'un autre ordre et très divers. Tour à tour gladiateur thrace et cocher, danseur et chanteur, il escrimait avec des armes de combat, ou conduisait des chars dans des cirques édifiés en divers endroits ; le chant et la danse le jetaient dans de si grands transports, que, même au cours des spectacles publics, il ne pouvait s'empêcher d'accompagner la voix de l'acteur tragique et de reproduire aux yeux de tous les gestes de l'histrion, comme pour les approuver ou les corriger. Et, lorsqu'il ordonna une veille le jour où il périt, ce fut uniquement, semble-t-il, pour faire ses débuts sur la scène, à la faveur de la nuit. Il lui arrivait de danser même pendant la nuit ; une fois, au cours de la seconde veille, il convoqua au Palatium trois consulaires, et, quand ils furent là, pleins des appréhensions les plus terribles, il les fit monter sur une estrade, puis, tout à coup, au bruit retentissant des flûtes et des sandales à soufflet[79], s'élança vêtu d'un manteau et d'une tunique longue, exécuta une danse accompagnée de chant et disparut. Par ailleurs, lui qui apprenait si facilement toutes choses ne sut pas nager.

79. Instrument de musique dont on se servait au théâtre ; actionné avec le pied, il donnait une seule note.

LV. | [1]Quorum uero studio teneretur, omnibus ad insaniam fauit. [2]Mnesterem pantomimum etiam inter spectacula osculabatur, ac si qui saltante eo uel leuiter obstreperet, detrahi iussum manu sua flagellabat. [3]Equiti R. tumultuanti per centurionem denuntiauit, abiret sine mora Ostiam perferretque ad Ptolemaeum regem in Mauretaniam codicillos suos ; quorum exemplum erat : « Ei quem istoc misi, neque boni quicquam neque mali feceris. » [4]Thraeces quosdam Germanis corporis custodibus praeposuit. [5]Myrmillonum armaturas recidit. [6]Columbo uictori, leuiter tamen saucio, uenenum in plagam addidit, quod ex eo Columbinum appellauit ; sic certe inter alia uenena scriptum ab eo repertum est. [7]Prasinae factioni ita addictus et deditus, ut cenaret in stabulo assidue et maneret, agitatori Eutycho comisatione quadam in apophoretis uicies sestertium contulit. [8]Incitato equo, cuius causa pridie circenses, ne inquietaretur, uiciniae silentium per milites indicere solebat, praeter equile marmoreum et praesaepe eburneum praeterque purpurea tegumenta ac monilia e gemmis domum etiam et familiam et supellectilem dedit, quo lautius nomine eius inuitati acciperentur ; consulatum quoque traditur destinasse.

LVI. | [1]Ita bacchantem atque grassantem non defuit plerisque animus adoriri. [2]Sed una alteraque conspira-

LV. Quand il avait de l'engouement pour quelqu'un, sa faveur allait jusqu'à la folie. Il embrassait le pantomime Mnester même en plein spectacle, et si quelqu'un se permettait le moindre bruit pendant qu'il dansait, il le faisait arracher de sa place et le flagellait de sa propre main. Comme un chevalier romain provoquait du désordre (en un pareil moment), il lui fit ordonner par un centurion de partir aussitôt pour Ostie et de porter de sa part au roi Ptolémée, en Maurétanie, un billet libellé de la sorte : « Ne faites aucun bien ni aucun mal à celui que je vous envoie. » Il mit des gladiateurs thraces à la tête de sa garde germaine ; il réduisit l'armure des mirmillons. (L'un de ceux-ci), nommé Colombus, ayant été vainqueur, mais légèrement blessé, il fit mettre dans sa plaie un poison, qu'il appela pour ce motif « poison de Colombus » ; c'est du moins sous cette étiquette, écrite de sa main, qu'il fut trouvé parmi ses autres poisons. Il était si profondément attaché à la faction des cochers verts, qu'il dînait et séjournait continuellement dans leur écurie, et que, certain jour, l'un d'entre eux, nommé Eutychus, reçut de lui, au cours d'une orgie, deux millions de sesterces comme présent d'adieu. En ce qui concerne son cheval Incitatus, la veille des jeux du cirque, pour que son repos ne fût pas troublé, il avait coutume de faire imposer silence au voisinage par des soldats ; outre une écurie de marbre et une crèche d'ivoire, outre des housses de pourpre et des licous ornés de pierres précieuses, il alla jusqu'à lui donner un palais, des esclaves et un mobilier, pour recevoir plus magnifiquement les personnes invitées en son nom ; il projeta même, dit-on, de le faire consul[80].

LVI. De telles extravagances et de tels crimes ne manquèrent pas d'inspirer à bien des gens l'idée de le

80. Légende née du sens de l'humour bien particulier de l'empereur qui, appréciant mal la charge de consul, héritée de la République, avait jugé son cheval digne d'en profiter.

tione detecta aliis per inopiam occasionis cunctantibus, duo consilium communicauerunt perfeceruntque, non sine conscientia potentissimorum libertorum praefectorumque praetori, quod ipsi quoque etsi falso in quadam coniuratione quasi participes nominati, suspectos tamen se et inuisos sentiebant. [3]Nam et statim seductis magnam fecit inuidiam destricto gladio affirmans « sponte se periturum, si et illis morte dignus uideretur », nec cessauit ex eo criminari alterum alteri atque inter se omnis committere. | [4]Cum placuisset Palatinis ludis spectaculo egressum meridie adgredi, primas sibi partes Cassius Chaerea tribunus cohortis praetoriae depoposcit, quem Gaius seniorem iam et mollem et effeminatum denotare omni probro consuerat et modo signum petenti « Priapum » aut « Venerem » dare, modo ex aliqua causa agenti gratias osculandam manum offerre formatam commotamque in obscenum modum.

LVII. | [1]Futurae caedis multa prodigia extiterunt. [2]Olympiae simulacrum Iouis, quod dissolui transferrique Romam placuerat, tantum cachinnum repente edidit, ut machinis labefactis opifices diffugerint; superuenitque ilico quidam Cassius nomine, iussum se somnio affirmans immolare taurum Ioui. [3]Capitolium Capuae Id. Mar*t*. de caelo tactum est, item Romae cella Palatini atriensis. [4]Nec defuerunt qui coniectarent

tuer, mais une ou deux conspirations ayant été découvertes, les autres hésitaient faute d'occasion, lorsque deux citoyens se concertèrent et mirent à exécution leur projet, non sans avoir pour complices les plus puissants de ses affranchis et les préfets du prétoire ; car les uns et les autres, s'étant vus eux-mêmes aussi désignés, quoique sans motif, comme ayant pris part à une conjuration, se sentaient malgré tout suspects et odieux à Caligula. De fait, non content de les prendre à part aussitôt après, pour leur déclarer, le glaive en main – ce qui leur inspira une haine profonde –, « qu'il était prêt à se tuer, s'ils le jugeaient, eux aussi, digne de mort », il ne cessa, depuis ce moment, de les calomnier les uns auprès des autres et de semer entre eux la discorde. On décida de l'attaquer lors des jeux palatins[81], quand il quitterait le spectacle, à midi, et le premier rôle fut réclamé par Cassius Chaerea, tribun d'une cohorte prétorienne, que Gaius, sans considération pour son âge avancé, avait coutume de stigmatiser, par toutes sortes d'outrages, comme un homme mou et efféminé : tantôt, lorsque celui-ci lui demandait le mot d'ordre, il lui répondait : « Priape » ou « Vénus », tantôt, quand il le remerciait pour un motif quelconque, il lui tendait sa main à baiser en lui donnant une forme et un mouvement obscènes.

LVII. Le meurtre fut annoncé par beaucoup de prodiges. À Olympie, la statue de Jupiter, qu'il avait donné l'ordre de desceller et de transporter à Rome, poussa tout à coup un si formidable éclat de rire, que les échafaudages s'écroulèrent, ce qui mit les ouvriers en fuite ; puis aussitôt survint un certain Cassius, qui prétendit avoir reçu en rêve l'ordre d'immoler un taureau à Jupiter. Le Capitole de Capoue fut atteint par la foudre le jour des ides de mars, ainsi qu'à Rome le sanctuaire d'Apollon Palatin, gardien de l'atrium. Or, il

81. Institués par Livie, après la mort d'Auguste.

altero ostento periculum a custodibus domino portendi, altero caedem rursus insignem, qualis eodem die facta quondam fuisset. [5]Consulenti quoque de genitura sua Sulla mathematicus certissimam necem appropinquare affirmauit. [6]Monuerunt et Fortunae Antiatinae, ut a Cassio caueret; qua causa ille Cassium Longinum Asiae tum proconsulem occidendum delegauerat, inmemor Chaeream Cassium nominari. [7]Pridie quam periret, somniauit consistere se in caelo iuxta solium Iouis impulsumque ab eo dextri pedis pollice et in terras praecipitatum. [8]Prodigiorum loco habita sunt etiam, quae forte illo ipso die paulo prius acciderant. [9]Sacrificans respersus est phoenicopteri sanguine; et pantomimus Mnester tragoediam saltauit, quam olim Neoptolemus tragoedus ludis, quibus rex Macedonum Philippus occisus est, egerat; et cum in Laureolo mimo, in quo actor proripiens se ruina sanguinem uomit, plures secundarum certatim experimentum artis darent, cruore scaena abundauit. [10]Parabatur et in noctem spectaculum, quo argumenta inferorum per Aegyptios et Aethiopas explicarentur.

LVIII. [1] VIIII. K*al*. Febr. hora fere septima, cunctatus an ad prandium surgeret marcente adhuc stomacho pridiani cibi onere, tandem suadentibus amicis egressus est. [2]Cum in crypta, per quam transeundum

ne manqua pas de gens pour conjecturer que l'un de ces prodiges annonçait à l'empereur un danger venant de ses gardes, et l'autre, un assassinat mémorable, comme celui qui avait été commis autrefois à pareille date[82]. De plus, l'astrologue Sylla, que Caligula consultait sur son horoscope, lui affirma catégoriquement que sa mort était proche. De leur côté, les Fortunes d'Antium[83] l'avertirent de prendre garde à Cassius ; aussi avait-il donné mission de tuer Cassius Longinus, alors proconsul d'Asie, sans se rappeler que Chaerea s'appelait Cassius. La veille de sa mort, il rêva qu'il se trouvait au ciel près du trône de Jupiter et que celui-ci, le poussant avec le gros orteil de son pied droit, l'avait précipité sur la terre. On mit encore au nombre des prodiges certains incidents fortuits qui s'étaient produits le jour même de sa mort, peu avant le crime. Au cours d'un sacrifice, Caligula fut éclaboussé par le sang d'un flamant ; le pantomime Mnester dansa dans une tragédie que l'acteur Néoptolème avait jouée autrefois pour les jeux durant lesquels on assassina Philippe, roi de Macédoine ; pendant la représentation du mime intitulé « Laureolus », où un acteur s'élance d'un édifice qui s'écroule et vomit du sang, plusieurs des seconds rôles s'évertuèrent à donner une preuve de leur talent et toute la scène fut ensanglantée. On préparait aussi pour la nuit un spectacle où des scènes empruntées aux enfers devaient être jouées par des Égyptiens et par des Éthiopiens.

LVIII. Le neuvième jour avant les calendes de février, vers la septième heure, comme il hésitait à quitter sa place[84] pour aller déjeuner, car son estomac était encore alourdi par les repas de la veille, les conseils de ses amis le décidèrent enfin à sortir ; dans une galerie

82. Le 15 mars 44, assassinat de Jules César.

83. Les deux « sœurs infaillibles » dont parle Martial, *Epigr.*, V, 1, 3, qui rendaient leurs oracles à Antium.

84. Alors qu'il assistait aux jeux palatins.

erat, pueri nobiles ex Asia ad edendas in scaena operas euocati praepararentur, ut eos inspiceret hortareturque restitit, ac nisi princeps gregis algere se diceret, redire ac repraesentare spectaculum uoluit. [3]Duplex dehinc fama est : alii tradunt adloquenti pueros a tergo Chaeream ceruicem gladio caesim grauiter percussisse praemissa uoce : « Hoc age ! », dehinc Cornelium Sabinum, alterum e coniuratis, tribunum ex aduerso traiecisse pectus ; alii Sabinum, summota per conscios centuriones turba, signum more militiae petisse et, Gaio « Iouem » dante, Chaeream exclamasse : « Accipe ratum ! » respicientique maxillam ictu discidisse. [4]Iacentem contractisque membris clamitantem « se uiuere » ceteri uulneribus triginta confecerunt ; nam signum erat omnium : « Repete ! » [5]Quidam etiam per obscena ferrum adegerunt. [6]Ad primum tumultum lecticari cum asseribus in auxilium accucurrerunt, mox Germani corporis custodes, ac nonnullos ex percussoribus, quosdam etiam senatores innoxios interemerunt.

LIX. | [1]Vixit annis uiginti nouem, imperauit triennio et decem mensibus diebusque octo. [2]Cadauer eius clam in hortos Lamianos asportatum et tumultuario rogo semiambustum leui caespite obrutum est, postea per sorores ab exilio reuersas erutum et crematum sepul-

85. Ce *hoc age* (« agis, frappe ») répond à la demande du sacrificateur au prêtre : *Agone ?* (« Dois-je agir ? »).

qu'il devait traverser se préparaient des enfants nobles, que l'on avait fait venir d'Asie pour les produire sur la scène : il s'arrêta pour les voir et les encourager, et, si le chef de la troupe ne s'était pas plaint d'avoir froid, il serait revenu en arrière et les aurait fait jouer aussitôt. Sur ce qui se produisit ensuite il y a deux versions différentes : d'après les uns, tandis qu'il s'entretenait avec ces enfants, Chaerea le blessa grièvement au cou, par-derrière, avec le tranchant de son glaive, en prononçant le mot « Faites[85] ! », puis le tribun Cornelius Sabinus, le second conjuré, l'attaquant de face, lui transperça la poitrine ; d'après les autres, Sabinus, ayant fait écarter la foule par des centurions affiliés au complot, lui demanda le mot d'ordre, suivant l'usage militaire, et Gaius répondant « Jupiter », Chaerea s'écria : « Sois exaucé[86] ! », puis, comme l'empereur se retournait, lui fracassa la mâchoire. Étendu à terre, les membres repliés sur eux-mêmes, il ne cessait de crier qu'il vivait encore, mais les autres conjurés l'achevèrent en lui portant trente coups, tous ayant pour cri de ralliement le mot « redouble ! » ; certains même lui enfoncèrent leur glaive dans les parties honteuses. Au premier bruit, accoururent à son aide ses porteurs de litière, armés de leurs bâtons, puis les Germains de sa garde, qui tuèrent quelques-uns des meurtriers et même certains sénateurs étrangers au crime.

LIX. Caligula vécut vingt-neuf ans et fut empereur pendant trois ans, dix mois et huit jours. Son cadavre, transporté en secret dans les jardins de Lamia[87], y fut brûlé à demi sur un bûcher de fortune et recouvert d'une légère couche de gazon, mais plus tard, quand ses sœurs revinrent d'exil, elles l'exhumèrent, le brûlèrent et l'en-

86. Il faut comprendre : « Voici Jupiter Vengeur ! » Voir aussi Sénèque, *De const. sap.*, 18, 3.

87. Jardins situés près de ceux de Mécène et portant le nom de leur premier possesseur, L. Aelius Lamia, consul en 3 ap. J.-C.

tumque. [3]Satis constat, prius quam id fieret, hortorum custodes umbris inquietatos ; in ea quoque domo, in qua occubuerit, nullam noctem sine aliquo terrore transactam, donec ipsa domus incendio consumpta sit. [4]Perit una et uxor Caesonia gladio a centurione confossa et filia parieti inlisa.

LX. | [1]Condicionem temporum illorum etiam per haec aestimare quiuis possit. [2]Nam neque caede uulgata statim creditum est, fuitque suspicio ab ipso Gaio famam caedis simulatam et emissam, ut eo pacto hominum erga se mentes deprehenderet ; neque coniurati cuiquam imperium destinauerunt ; et senatus in asserenda libertate adeo consensit, ut consules primo non in curiam, quia Iulia uocabatur, sed in Capitolium conuocarent, quidam uero sententiae loco abolendam Caesarum memoriam ac diruenda templa censuerint. [3]Obseruatum autem notatumque est in primis Caesares omnes, quibus Gai praenomen fuerit, ferro perisse, iam inde ab eo, qui Cinnanis temporibus sit occisus.

88. Milonia Caesonia, sa quatrième épouse, issue d'une famille sénatoriale.

sevelirent. Il est bien avéré que, dans l'intervalle, des spectres inquiétèrent ceux qui gardaient ces jardins et que, dans la maison où il succomba, toutes les nuits furent marquées par quelque manifestation terrifiante, jusqu'au jour où elle fut elle-même consumée par un incendie. En même temps que lui périrent sa femme Césonia[88], qu'un centurion transperça de son glaive, et sa fille, qu'on écrasa contre un mur.

LX. Voici des indications qui suffiraient à donner une idée de ces temps-là. Quand la nouvelle du meurtre se répandit, on ne voulut pas y croire tout d'abord, et l'on soupçonna que Gaius avait lancé lui-même ce bruit mensonger, pour découvrir par ce moyen quels sentiments il inspirait ; d'autre part, les conjurés ne destinèrent l'empire à personne ; de plus, les sénateurs s'accordèrent si bien à vouloir rétablir la liberté, que, pour leur première séance, les consuls les convoquèrent, non pas dans la curie, parce qu'elle portait le nom de Jules[89] (César), mais au Capitole, et que certains d'entre eux, à leur tour de parole, proposèrent de faire disparaître le souvenir des Césars et de détruire leurs temples. Par ailleurs, l'on observa et l'on nota particulièrement que tous les Césars ayant porté le prénom de Gaius périrent assassinés, à commencer par celui qui fut tué à l'époque de Cinna[90].

89. Curie édifiée après la mort de César par les triumvirs, puis consacrée par Auguste. Voir Dion Cassius, XLIV, 5, XLVII, 19 et L, 22.

90. Le consul, collègue de Marius, 87 av. J.-C. Cicéron évoque la mort de ce Gaius César dans son *De orat.*, III, 3.

Les empereurs julio-claudiens

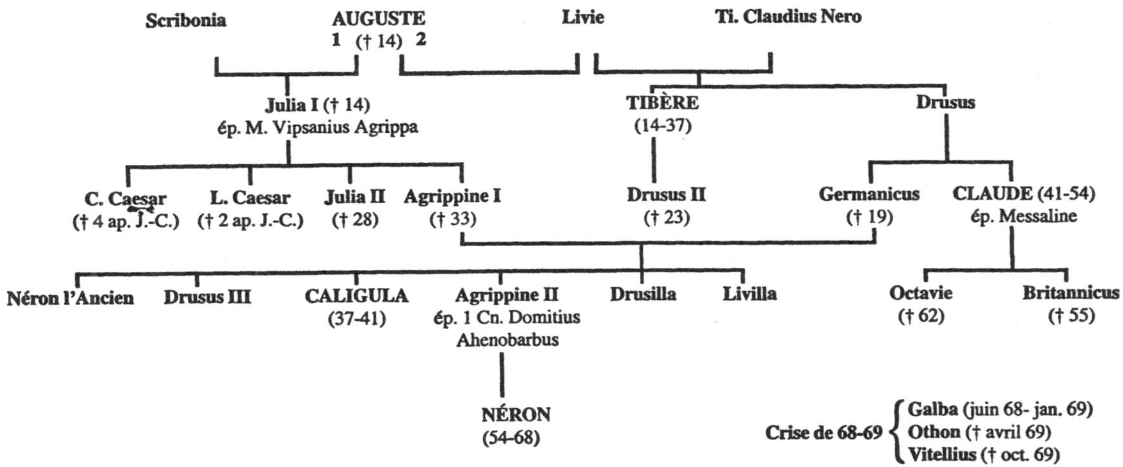

Repères chronologiques

12, 31 août.	Naissance de Caligula, à Antium
14-37	**Règne de Tibère**
14.	Mort d'Auguste, avènement de Tibère
17.	Début du pouvoir de Séjan. La Germanie devient province impériale
21.	Séjan succède à son père comme préfet du prétoire
27.	Retraite de Tibère à Capri
31.	Séjan devient consul, puis Tibère le fait exécuter
37, 16 mars.	Mort de Tibère à Misène
37-41	**Règne de Caligula**
37.	Caligula succède à Tibère, son oncle par adoption
41, 21 février.	Assassinat de Caligula

Bibliographie sommaire

E. CIZEK, *Structures et idéologie dans « Les Vies des Douze Césars » de Suétone*, Bucarest/Paris, Les Belles Lettres, 1977.

J. EKTOR, « L'impassibilité et l'objectivité de Suétone », *Les Études classiques*, 48, 1980, p. 317-326.

J. GASCOU, *Suétone historien*, École française de Rome, Paris, De Boccard, 1984.

R. F. MARTIN, *Les Douze Césars. Du mythe à la réalité*, Paris, Les Belles Lettres, 1991.

D. NONY, *Caligula*, Paris, Fayard, 1986.

L. STORONI MAZZOLANI, *Tibère ou la spirale du pouvoir*, Paris, Les Belles Lettres, 1986.

SOURCES ANCIENNES

- Sur Tibère : Dion Cassius, 57-58 ; Tacite, *Annales*. 1-6 ; Velleius Paterculus, *Histoire romaine*, 1-2 ; ainsi que des passages divers chez Sénèque (*De ira, De constant. sap.* etc.), Pline l'Ancien et Flavius Josèphe.

- Sur Caligula : Dion Cassius, 59 ; Sénèque (*De benef.*, *De ira.*, etc.) ; Tacite ; Philon d'Alexandrie, *Legatio ad Gaium, L'ambassade à Caligula ;* Flavius Josèphe, *Antiquités Juives.*

Table